Wissen im Bild

# MINERALOGIE

**G. Gold • J. Jubany**

# Wissen im Bild
# MINERALOGIE

*tosa*

Originaltitel „Atlas de Mineralogia“



Übersetzung, Redaktion und Satz:
Dr. Jörg Meidenbauer Verlagsbüro, München

Umschlag:
Kraxenberger Kommunikationshaus GmbH, München



Druck: Ueberreuter Print und Digimedia

# Einleitung

Das wichtigste Ziel eines Werkes über die Mineralogie ist die Aufstellung einer Systematik, die die verschiedenen Mineralien nach logischen Kriterien ordnet. Außerdem sollte ein umfangreicher Abschnitt der Behandlung der allgemeinen Merkmale der Mineralien, ihrer Eigenschaften, der Techniken ihrer Bestimmung usw. gewidmet sein. Ausgehend von diesen Überlegungen beschäftigen wir uns im ersten Teil dieses Buches mit den Mineralien im allgemeinen und wenden uns im zweiten Teil der Beschreibung der wichtigsten Vertreter zu.

Der Aufbau der Kapitel, die sich mit der Systematik befassen, ist immer gleichbleibend: Es werden die auffälligsten und zur Bestimmung der jeweiligen Mineralien zweckmäßigsten Eigenschaften zusammengefaßt. Darüber hinaus beschäftigen wir uns mit den Eigenheiten bestimmter Mineralien eingehender und stellen die Merkmale der verschiedenen Klassen dar, in die sich das Reich der Mineralien einteilen läßt.

Unverzichtbar dabei ist das Bildmaterial dieses Buches, das speziell erstellt und nach seinem jeweiligen didaktischen und ästhetischen Wert sorgfältig ausgesucht wurde.

# Geschichtlicher Abriß. Definition des Begriffs Mineral

Die Mineralogie ist die Lehre vom Aufbau, der Entstehung und den Eigenschaften der Mineralien. Sie stellt einen Teilbereich der Geologie dar, da die Gesteine der Erdkruste aus einem Gemenge verschiedener Mineralienarten bestehen.

## GESCHICHTE DER MINERALOGIE

Die ersten Spuren der Nutzung von Mineralien durch den Menschen reichen in die Vorgeschichte zurück: Man verwendete sie als Farbstoffe bei der Höhlenmalerei (roter Hämatit; schwarzer Pyrolusit); man nutzte die Härte von Feuerstein und Obsidian zur Fertigung von Äxten, Pfeilspitzen und sonstigen Werkzeugen; man stellte aus Tonmineralien Gefäße, Geschirr u.a. her. In der Jungsteinzeit - um 4000 v. Chr. - wurde erstmals Metallerz geschmolzen, und vor etwa 3000 Jahren beuteten die Phönizier die Erzlagerstätten von Rio Tinto (Spanien) aus.

Als erste wissenschaftliche Arbeit über die Mineralogie gilt das Werk »Über die Steine« des Aristoteles-Schülers Theophrastus (372 - 287 v. Chr), in dem er 16 verschiedene Mineralienarten beschreibt. Später, im ersten Jahrhundert, faßte Plinius (23 - 79 n. Chr.) zahlreiche naturgeschichtliche Erkenntnisse zusammen, wies auf viele weitere Mineralienarten hin und erläuterte deren Nutzung als Schmuckstücke, Farbstoffe oder als Grundlage zur Herstellung von Metallwaren.

Der Begriff Mineral tauchte erstmals im 13. Jahrhundert im Werk von Albertus Magnus (1193 ? - 1280) auf, in dem er neue chemische Substanzen und 95 Mineralien beschreibt.

Gegen Ende des Mittelalters erlebte die Förderung von Metallerzen und anderen Mineralien einen gewaltigen Aufschwung.

Georg Bauer (Georgius Agricola, 1494 - 1555) faßte in seinen Werken »De Re Metallica« und »De Re Fossilium« das gesamte mineralogische und geologische Wissen seiner Zeit zusammen.

Im 18. Jahrhundert begründete Nils Stensen (Nikolaus Steno, 1638 - 1686) mit seinen Arbeiten über die Morphologie der Kristalle eine neue Wissenschaft: die Kristallographie. Diese Hilfswissenschaft der Mineralogie beschäftigt sich mit der Struktur der Mineralien. Es erschienen zahlreiche wissenschaftliche Publikationen, die in einem engen Zusammenhang mit der Mineralogie und der Chemie standen.

Gegen Ende des 18.Jahrhunderts veröffentlichte René Just Haüy (1743 - 1822) diverse Arbeiten über die Kristallographie. Doch erst mit der Erfindung des Polarisationsmikroskops zur genaueren Untersuchung der optischen Eigenschaften der Mineralien im Jahre 1870 wurde die Grundlage für die Entwicklung der Mineralogie gelegt. Der Nachweis der Beugung von Röntgenstrahlung durch Max von Laue im Jahre 1912 vervollständigte die Untersuchungsmethoden zur Erkennung der inneren Struktur von Mineralien.

## DEFINITION DES BEGRIFFS MINERAL

Es gibt diverse Definitionen für den Begriff Mineral. Die allgemein gängigste lautet: ein Mineral ist ein anorganischer, natürlich vorkommender Feststoff mit einer bestimmten, bzw. innerhalb definierter Grenzen festgelegten chemischen Zusammensetzung und einer gitterartigen inneren Struktur. Nicht berücksichtigt werden bei dieser Definition folglich künstlich im Labor hergestellte Stoffe (Abb. 5), natürliche Flüssigkeiten wie Quecksilber oder Mineralölbestandteile, Gase sowie Feststoffe ohne eine genaue bzw. innerhalb gewisser Grenzen festgelegte chemische Zusammensetzung. Dies bedeutet, daß einige Mineralien Ionen mit ähnlichen Merkmalen austauschen können, wodurch sogenannte isomorphe Reihen entstehen. Olivin beispielsweise bildet eine solche Mischreihe, in der Fe-Ionen durch Mg-Ionen ersetzt werden (siehe S. 24). Außerdem entfallen Substanzen biologischen Ursprungs wie Kalziumcarbonat, das von Lebewesen aufgebaut wird (Muschelschalen, Korallen usw.).

Je nach der inneren Struktur kann die gleiche chemische Substanz mehreren Mineralienarten angehören (siehe S. 22). So spricht man beispielsweise bei einer kubischen Anordnung der Atome des Kohlenstoffs von einem Diamanten, bei einer hexagonalen Anordnung dagegen von Graphit.

## DAS STUDIUM DER MINERALIEN

Durch die Anwendung moderner Technik beim Studium der Mineralien ist die Wissenschaft der Mineralogie immer komplexer geworden. Sie setzt sich heute aus mehreren Disziplinen zusammen und bildet einen eigenen Teilbereich der Geologie, zu der sie wie die Physik, die Chemie u.a. wichtige Beiträge liefert.

Das Studium der Mineralien läßt sich in fünf wichtige Bereiche einteilen:

**Allgemeine Mineralogie:** beschäftigt sich mit der Struktur (Kristallographie) und den Eigenschaften der Mineralien.

**Spezielle Mineralogie:**
**1. Bestimmungsmineralogie:** Bestimmung der Mineralienarten anhand ihrer physikalisch-chemischen Eigenschaften und Strukturen.

**2. Mineralogenese:** beschäftigt sich mit den Bedingungen zur Entstehung von Mineralien, wie diese in der Natur vorkommen, sowie den Techniken ihrer Gewinnung.

**Beschreibende Mineralogie:** beschäftigt sich mit den Mineralien und teilt sie gemäß Struktur und Zusammensetzung systematisch ein.

**Wirtschaftsmineralogie:** entwickelt Anwendungsmöglichkeiten für mineralische Stoffe, ihren wirtschaftlichen und industriellen Nutzen (z. B. Glas, Keramik, Baustoffe, Schmuck etc.).

**Abb. 1.** Bei vorgeschichtlichen Felsbildern wurden mehrere Farben verwendet: Rot, Schwarz, Gelb und ganz selten auch Weiß. Die Pigmente wurden mit Tierfett, Blut oder Eiweiß vermischt. Bei dem nebenstehenden Gemälde, das aus den Höhlen von Altamira (Spanien) stammt, dienten Pyrolusit als schwarzer und Hämatit als roter Farbstoff. In einigen Höhlen hat man Farbstoffe gefunden, die vom frühzeitlichen Menschen vermutlich zur Körperbemalung verwendet wurden.

**Abb. 2.** Pfeilspitzen aus der Sahara. Der harte und scharfkantige Feuerstein eignet sich zur Herstellung von Messerklingen, Schabern, Pfeilspitzen und anderen Werkzeugen.

**Abb. 3.** Bereits in der Altsteinzeit nutzte man die Formbarkeit von Ton zur Herstellung kleiner, grob gefertigter Figuren. Gebrannte Tongefäße (Keramik) kamen erst auf, als der Mensch im Laufe der Jungsteinzeit seßhaft wurde.

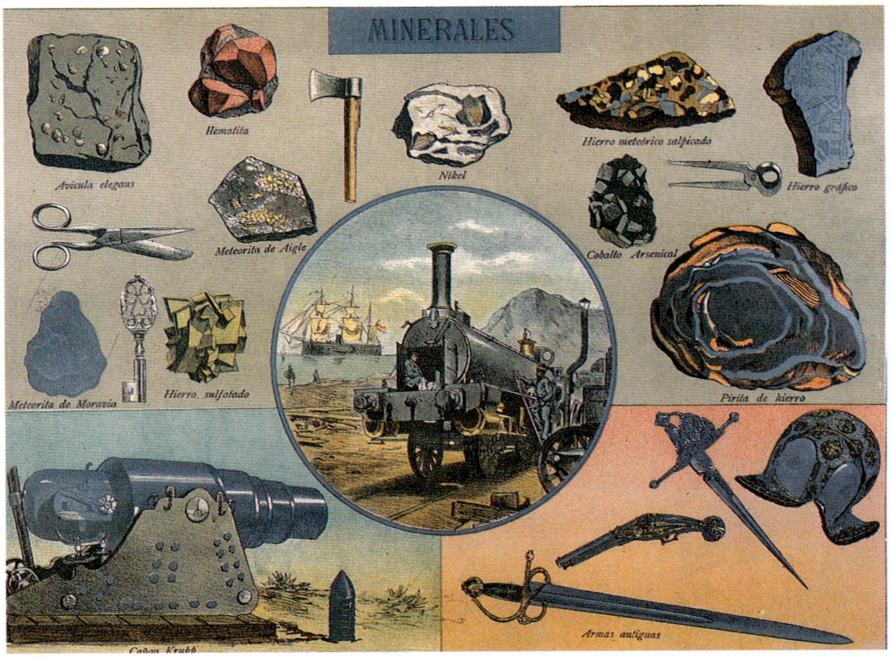


**Abb. 4.** Kupferstich in einem naturhistorischen Werk aus dem Jahre 1878.

**Abb. 5.** $CuSO_45H_2O$ Kristalle, die synthetisch über Ausfällen aus einer Lösung gewonnen wurden. Dieser und ähnliche Prozesse könnten sich auch ohne Einflußnahme des Menschen in der Natur abgespielt haben - dann würde man die Kristalle als das Mineral Kupfervitriol bezeichnen.

# Einteilung der Feststoffe

## DIE FESTSTOFFE

Die Feststoffe lassen sich in zwei große Gruppen einteilen:

**Amorphe Stoffe:** Sie setzen sich aus geometrisch nicht geordneten Teilchen zusammen. Ihre Struktur ähnelt der von Flüssigkeiten. Beispiele sind vulkanisches Glas und Bauxit (Aluminiumhydroxid).

**Kristalline Stoffe:** Diese Stoffe weisen eine geordnete innere Struktur auf, wobei die Teilchen festgelegte Positionen einnehmen. Bei günstigen Bildungsverhältnissen zeigt sich diese Ordnung mitunter darin, daß sie eine regelmäßige geometrische Form aufweisen; in diesem Fall spricht man von einem Kristall.

## KRISTALLOGRAPHIE

Die Kristallographie beschäftigt sich mit den kristallinen Stoffen und folglich mit ihrer inneren Struktur.

Bis zur Entdeckung der Röntgenstrahlung und ihrer Anwendung bei der Erforschung der Mineralstruktur durch Max von Laue konnte man nur über die äußere geometrische Form der Mineralien auf deren innere Ordnung schließen. Bei Mineralien, die nur selten eine äußere Form aufweisen (wie beispielsweise Tonmineralien), gelang die Entdeckung der Struktur erst in unserem Jahrhundert.

## ELEMENTARZELLE

Das Kristallgitter wird von Ionen und Atomen gebildet, die sich in einer für jedes Mineral typischen Art und Weise anordnen. Den kleinsten Bestandteil dieses Gitters, der dessen Gesamtinformation enthält, bezeichnet man als Elementarzelle. Die Elementarzellen wiederholen sich in den drei Dimensionen des Raums und bilden ein abgeschlossenes Raumgitter, das sich insbesondere durch seine Symmetrie auszeichnet.

## DIE INNERE STRUKTUR DER MINERALIEN

Die eine Elementarzelle bildenden Ionen oder Atome sind in einer abgeschlossenen und sich wiederholenden Weise angeordnet. Wenn man abgeschlossene Netze erstellen möchte, indem man ein Teilchen (Ion oder Atom) in einer Ebene mit zwei Vektoren verbindet, stellt man fest, daß es dazu insgesamt fünf Möglichkeiten gibt (siehe Abb. 7); jede andere Kombination wäre entweder nicht abgeschlossen oder sie würde sich nicht wiederholen. Wenn man nun diese zweidimensionalen Netze mit einem weiteren Vektor (c) in der dritten Raumdimension verknüpft, erhält man 14 Möglichkeiten für dreidimensionale Netze - die 14 Elementarzellen. Bravais wies dies im Jahre 1848 nach (Abb. 8).

Daraus folgt, daß die Eigenschaften eines Netzes von drei Vektoren, den zwischen ihnen liegenden Winkeln und der Position der Atome bzw. Ionen bestimmt werden.

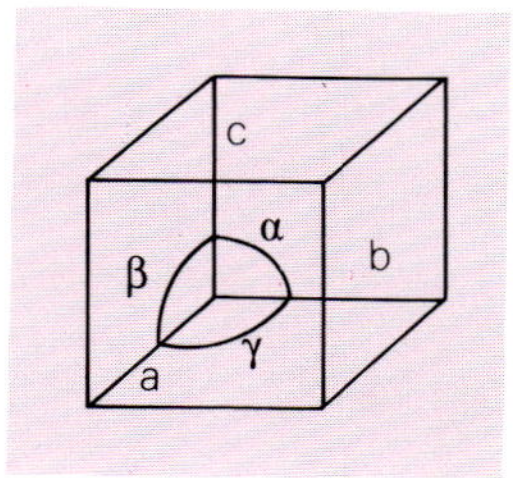


$a = b = c$
$\alpha = \beta = \gamma = 90°$

Position der Atome bzw. Ionen:

- an den Scheitelpunkten
- an den Scheitelpunkten sowie ein Teilchen im Zentrum
- an den Scheitelpunkten sowie ein Teilchen im Zentrum jeder Seite

Die innere Struktur eines Minerals besteht aus Aneinanderreihungen der Elementarzelle - d. h. eines der 14 Bravais-Gitter - in den drei Raumdimensionen.

Aus den 14 Bravais-Gittern und der Anordnung der Ionen und Atome in der Elementarzelle ergeben sich bei Kombination und Wiederholung nach den Gesetzen der Geometrie (Symmetrieregeln) insgesamt 230 Verteilungsmöglichkeiten, die als Raumgruppen bezeichnet werden.

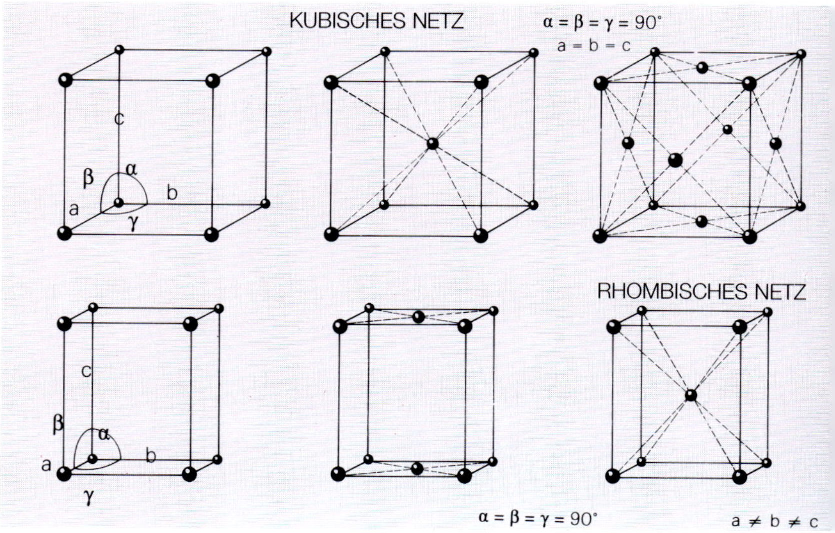

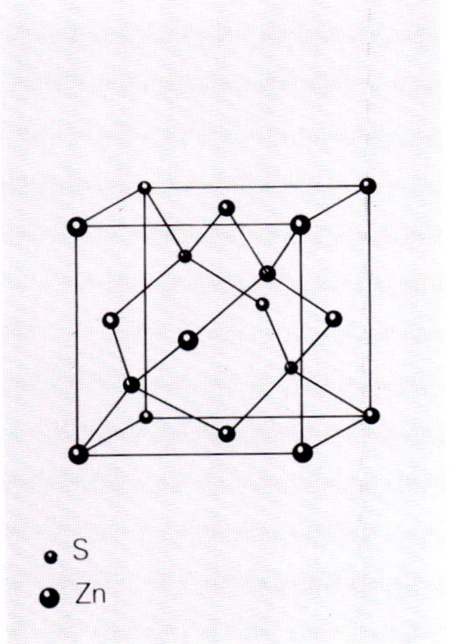


**Abb. 6.** Feststoffe können in zwei Formen auftreten: amorph und kristallin. Die amorphen Stoffe zeichnen sich durch eine unregelmäßige Anordnung ihrer Bausteine aus. Im Unterschied zu Flüssigkeiten, deren Bausteine ebenfalls ungeordnet sind und sich gegeneinander bewegen können, sind amorphe Stoffe aber starr und fest. Aufgrund seiner amorphen Beschaffenheit gilt Obsidian nicht als Mineral (oben links). Die kristallinen Stoffe - wie die als Blende bezeichneten Mineralien auf den beiden folgenden Photos - sind durch eine geometrische räumliche Anordnung ihrer Bausteine gekennzeichnet, obwohl diese Anordnung nicht zwangsläufig zu einer Polyeder-Form führen muß (oben rechts). Unter günstigen Voraussetzungen kann es aber vorkommen, daß sich diese Verhältnisse in der äußeren Form niederschlagen und Kristalle entstehen (oben links). Die Zeichnung verdeutlicht die Gitterstruktur der »Blende«.

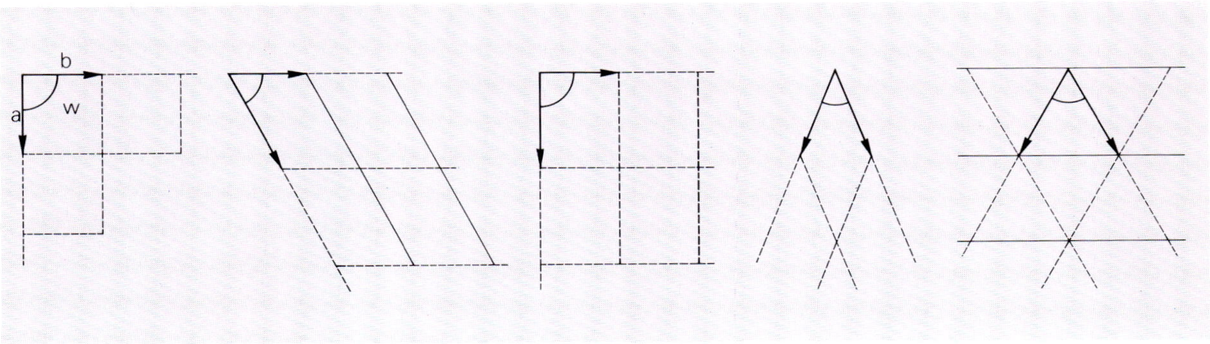


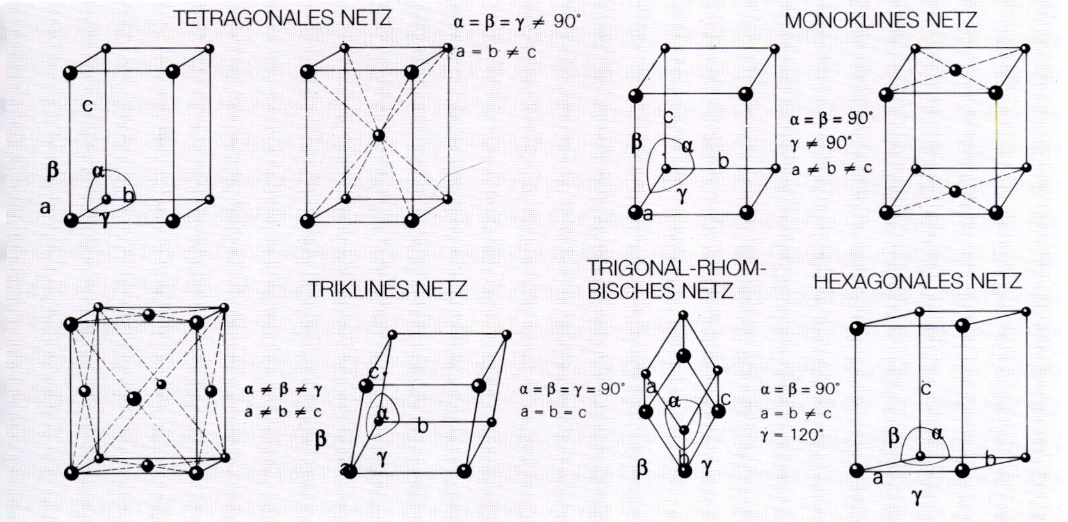


**Abb. 7.** Zwei als Translationen bezeichnete Verschiebungen (a und b) und ein Winkel (w) lassen sich nur auf fünf verschiedene Arten zu abgeschlossenen zweidimensionalen Netzen kombinieren. Die dreidimensionalen Netze können als aufeinandergestapelte Netzebenen aufgefaßt werden.

**Abb. 8.** Je nach Verknüpfung der einheitlichen zweidimensionalen Netzebenen ergeben sich unterschiedliche dreidimensionale Gitterstrukturen. Insgesamt gibt es 14 Arten (unterschiedliche Möglichkeiten) dreidimensionaler Netze: die sogenannten Bravais-Gitter. Jedes dieser Netze läßt sich als Aneinanderreihung einer minimalen Einheit, der sogenannten Elementarzelle, auffassen. Die Zeichnung stellt die 14 Elementarzellen dar.

# Symmetrie der Kristalle: Kristallsysteme

## SYMMETRIEELEMENTE

Kristalle weisen die folgenden Symmetrieelemente auf: Symmetrieebenen, Symmetrieachsen und Symmetriezentren.

**Symmetrieebene:**

Dabei handelt es sich um eine gedachte Ebene, die einen Kristall in zwei spiegelbildliche Hälften teilt (eine Hälfte verhält sich wie ein Spiegelbild der anderen).

**Symmetrieachse:**

Dabei handelt es sich um eine gedachte Linie innerhalb des Kristalls, um die gedreht er mindestens zweimal mit sich selbst zur Deckung kommt.

Wenn beispielsweise ein Würfel um 360° entlang der durch die Mittelpunkte zweier gegenüberliegender Seitenflächen verlaufenden Achse gedreht wird, kommt er viermal mit sich selbst zur Deckung; daher spricht man in diesem Fall von einer vierzähligen Symmetrieachse.

**Symmetriezentrum:**

Dabei handelt es sich um einen Punkt inmitten des Kristalls, durch den sich jeder Punkt einer Seitenfläche auf die gegenüberliegende Seitenfläche spiegeln läßt.

**Kristallsysteme:**

Alle Kristallgitter weisen verschiedene Symmetrieelemente auf. Dies gilt auch für die Kristalle selbst, deren äußere Form den jeweiligen Gitterstrukturen entspricht.

Wenn wir die 230 Raumgruppen nach ihren jeweiligen Symmetrieelementen ordnen, ergeben sich 32 Symmetrieklassen (in jeder dieser Klassen sind alle kristallinen Formen mit den gleichen Symmetrieelementen zusammengefaßt), die sich wiederum in sieben Kristallsysteme einteilen lassen: das kubische, das tetragonale, das hexagonale, das trigonal-rhomboedrische, das rhombische, das monokline und das trikline System.

Jedes System kann die folgende maximale Anzahl an Symmetrieelementen aufweisen (Abb. 9):

**Kubisches System:**

3 vierzählige Achsen (durch die Mittelpunkte der Seitenflächen).

4 dreizählige Achsen (durch die Eckpunkte).

6 zweizählige Achsen (durch die Mittelpunkte der Kanten).

3 Symmetrieebenen, die die vierzähligen Achsen enthalten.

6 Symmetrieebenen, die die zweizähligen Achsen enthalten.

1 Symmetriezentrum.

**Tetragonales System:**

1 vierzählige Achse (durch den Mittelpunkt des Prismas und parallel zu den Seitenflächen).

2 zweizählige Achsen (durch die Mittelpunkte der Seitenflächen des Prismas).

2 zweizählige Achsen (durch die Mittelpunkte der Kanten des Prismas).

1 Symmetrieebene (enthält alle zweizähligen Achsen).

2 Symmetrieebenen (durch die Kanten des Prismas).

2 Symmetrieebenen (durch die Mittelpunkte der Seitenflächen).

1 Symmetriezentrum.

**Hexagonales System:**

1 sechszählige Achse (durch den Mittelpunkt des Prismas und parallel zu den Seitenflächen).

3 zweizählige Achsen (durch die Mittelpunkte der Seitenflächen des Prismas).

3 zweizählige Achsen (durch die Mittelpunkte der Seitenkanten des Prismas).

1 Symmetrieebene, die alle zweizähligen Achsen enthält.

3 Symmetrieebenen (durch die Kanten des Prismas).

3 Symmetrieebenen (durch die Mittelpunkte der Seitenflächen).

1 Symmetriezentrum.

**Trigonal-rhomboedrisches System:**

1 dreizählige Achse (durch zwei Spitzen des Rhomboeders und die Höhe schneidend).

3 zweizählige Achsen (verlaufen senkrecht zur dreizähligen Achse und durch die Mittelpunkte der Kanten.

3 Symmetrieebenen (durch die Kanten).

1 Symmetriezentrum.

**Rhombisches System:**

1 zweizählige Achse (durch den Mittelpunkt des Prismas und parallel zu den Seitenflächen).

2 zweizählige Achsen (durch die Mittelpunkte der Kanten des Prismas).

3 Symmetrieebenen (jede enthält zwei zweizählige Achsen).

1 Symmetriezentrum.

Monoklines System:

1 zweizählige Achse (durch die Mittelpunkte zweier Kanten).

1 Symmetrieebene (senkrecht auf die zweizählige Achse).

1 Symmetriezentrum.

**Triklines System:**

1 Symmetriezentrum.

**Abb. 9.** In jedem Kristallsystem kommen definierte Kombinationen von Symmetrieelementen vor. In der nebenstehenden Zeichung ist die jeweils maximale Anzahl an Symmetrieelementen für die sieben Systeme dargestellt.

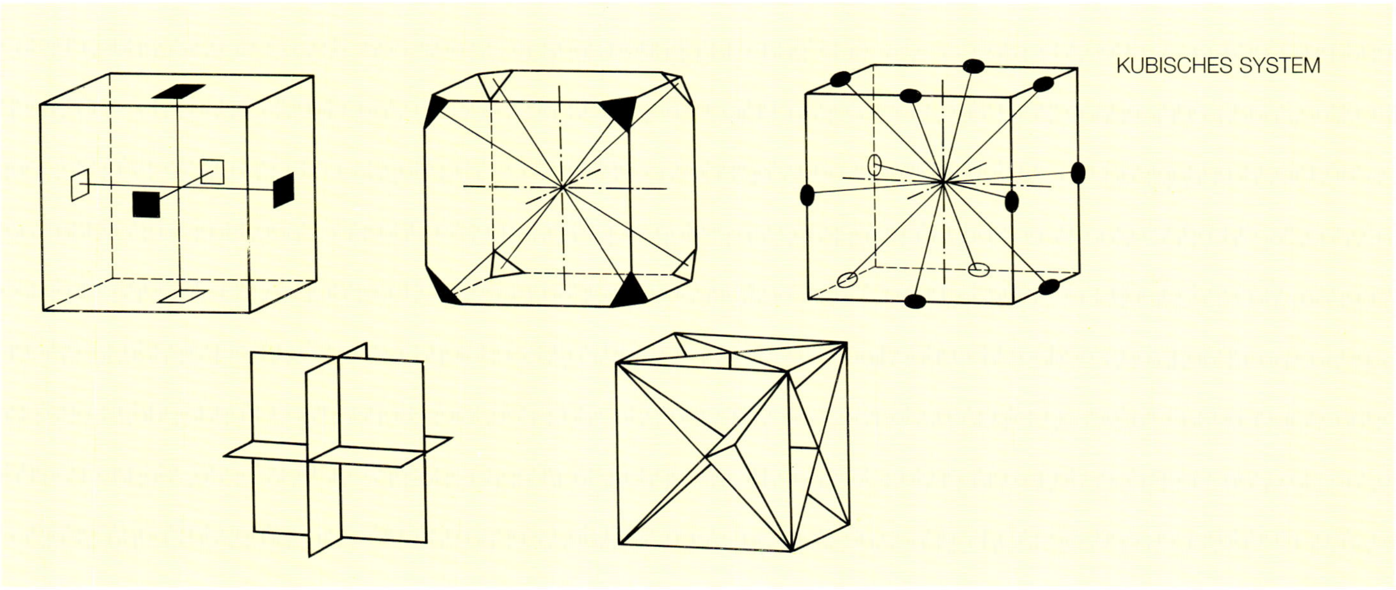
KUBISCHES SYSTEM

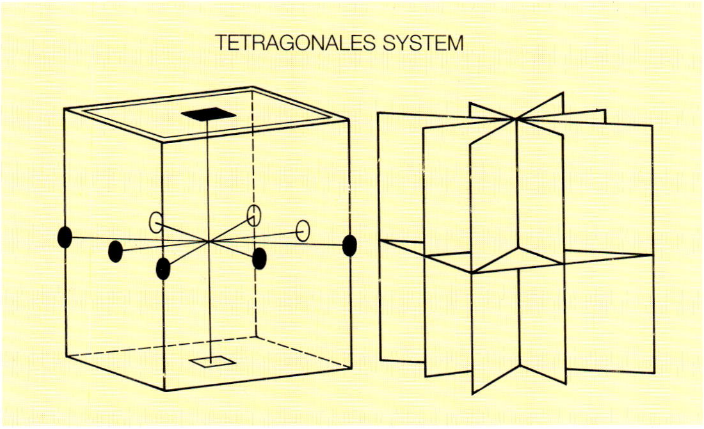
TETRAGONALES SYSTEM

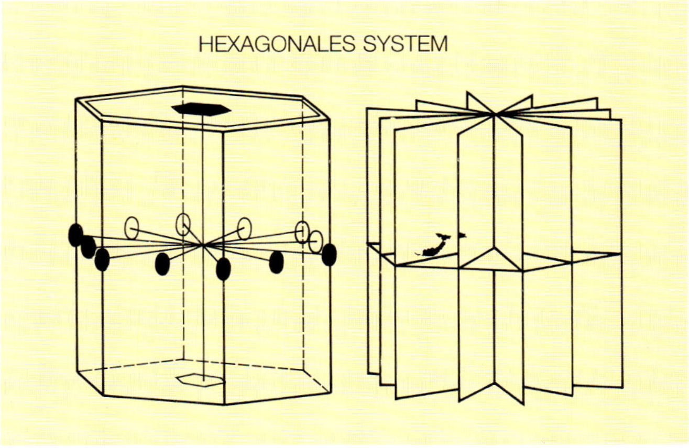
HEXAGONALES SYSTEM

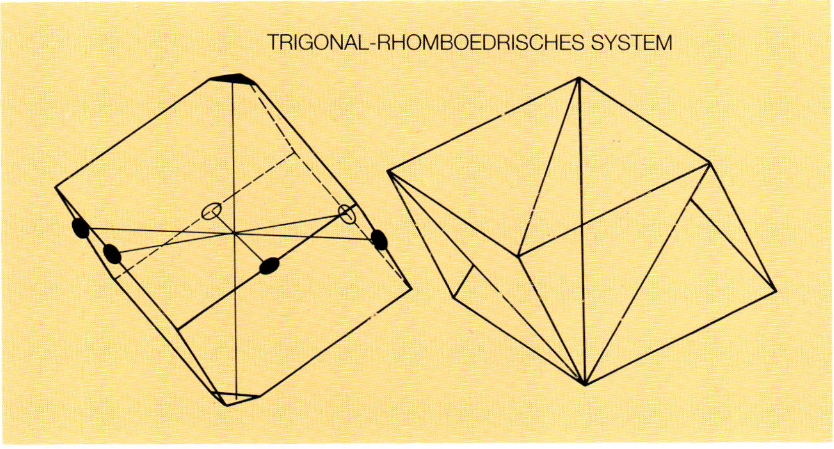
TRIGONAL-RHOMBOEDRISCHES SYSTEM

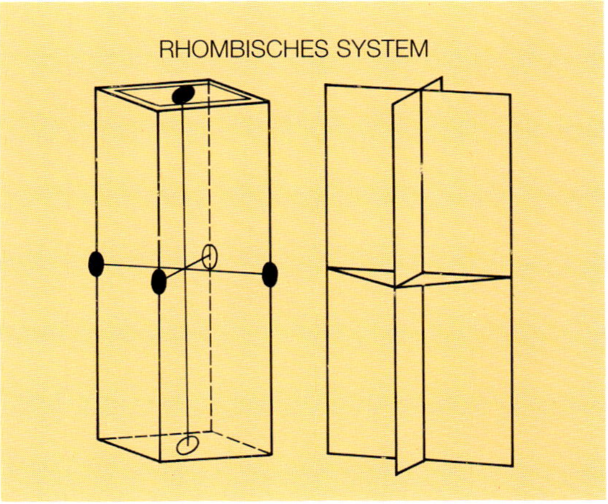
RHOMBISCHES SYSTEM

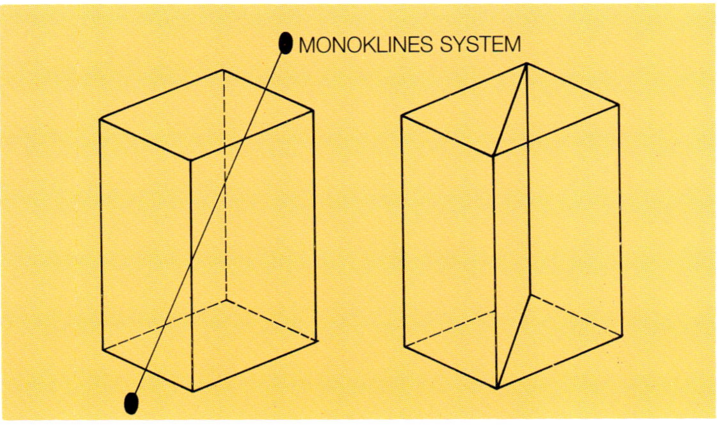
MONOKLINES SYSTEM

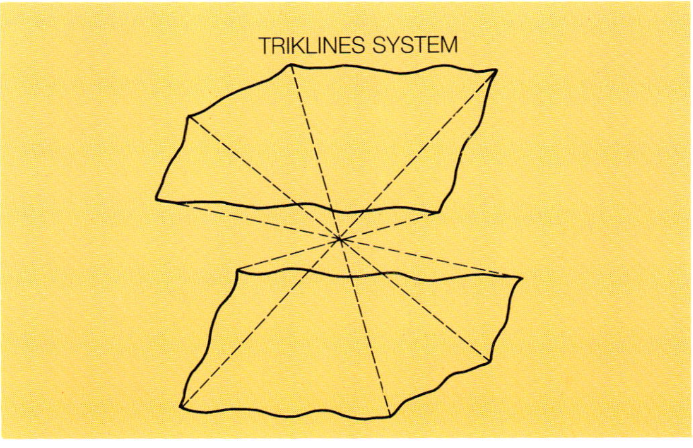
TRIKLINES SYSTEM

# Die Kristalle

Alle Vertreter einer bestimmten Mineralienart weisen die gleiche, unveränderliche Symmetrie auf. Wenn sich die innere Symmetrie am äußeren Erscheinungsbild des Minerals zeigt, spricht man von einem Kristall. Auch unterschiedliche Kristalle innerhalb der gleichen Mineralienart besitzen grundsätzlich die gleichen Symmetrieelemente. Flußspat beispielsweise verfügt über eine kubische Struktur und bildet kubische und oktaedrische Kristalle sowie Mischformen aus beiden Polyedertypen aus.

Polyeder, die sämtliche Symmetrieelemente eines Systems aufweisen, bezeichnet man als Holoeder. Im kubischen System gehören beispielsweise der Würfel, das Oktaeder, das Rhombendodekaeder, das Trapezoeder, das Tetrakishexaeder (Pyramidenwürfel), das Triakisoktaeder (Pyramidenoktaeder), das Hexakisoktaeder und die Mischformen dieser Polyedertypen zu den Holoedern. Im tetragonalen System sind es das Prisma und die vierseitige Doppelpyramide, das Prisma und die achtseitige Doppelpyramide usw.

Polyedrische Formen, die keinerlei Symmetrieelemente aufweisen, werden als Hemieder bzw. Tetartoeder bezeichnet. Im kubischen System beispielsweise besitzt das Dodekaeder keine vierzähligen Achsen, weswegen es sich um eine hemiedrische Form handelt. Im tetragonalen System besitzt die Pyramide keine zweizähligen Achsen. Daher ist es gleichfalls eine hemiedrische Form.

Die Mindestanzahl an Symmetrieelementen, die ein Mineral besitzen muß, um einem bestimmten System zugerechnet zu werden, bezeichnet man als die charakteristischen Symmetriemerkmale dieses Systems. Im kubischen System sind dies die vier dreizähligen Achsen; in den anderen Systemen die Hauptachsen, etwa die vierzählige Achse im tetragonalen System, die sechszählige im hexagonalen System usw.

Die Seiten eines Kristalls wachsen abhängig von den herrschenden Bildungsverhältnissen unterschiedlich und in bevorzugte Richtungen. Deshalb muß ein kristallines Polyeder nicht unbedingt einem kubischen Polyeder entsprechen wie etwa das geometrische Polyeder. Das führt dazu, daß die natürlichen Kristalle spezielle Formen annehmen, die als kristalliner Habitus bezeichnet werden. So kann ein Oktaeder einen prismatischen Habitus aufweisen, wenn sich die vertikalen Seitenflächen weit stärker entwickelt haben als die anderen (Abb. 10).

Das einzige, was bei Kristallen der gleichen Art immer konstant bleibt, sind die Kantenwinkel zwischen den entsprechenden Seitenflächen. Diese Gesetzmäßigkeit wurde von Nikolaus Steno im Jahre 1669 entdeckt und von Romé de l'Isle im Jahre 1788 folgendermaßen definiert: Auch wenn sich Kristalle einer Substanz in Größe, Form und Abstand der Seitenflächen unterscheiden können, bleiben die Kantenwinkel zwischen den homologen Seitenflächen stets konstant.

Der Winkel zwischen den Seitenflächen eines Kristalls läßt sich mit einem Anlegegoniometer (Winkelmesser) problemlos ermitteln.

In der Natur finden wir Vertreter sämtlicher Kristallsysteme. Am häufigsten kristallisieren Mineralien im kubischen System aus (26 Prozent aller Mineralienarten). Es folgen das monokline (21 Prozent), das rhombische (19 Prozent), das tetragonale (12 Prozent), das trigonal-rhomboedrische (11 Prozent), das hexagonale (9 Prozent) und das trikline System (2 Prozent).

### HABITUS DER KRISTALLE

Unter Habitus versteht man die äußere Erscheinungsform eines Kristalls, die von der unterschiedlichen Entwicklung seiner Seitenflächen abhängig ist. Die nachstehenden Begriffe dienen zur Beschreibung der Erscheinungsform eines Kristalls:

**Nadeliger Habitus:** bei Kristallen, die hauptsächlich in vertikale Richtung wachsen; nadelförmig.

**Tafeliger Habitus:** bei Kristallen, die hauptsächlich in horizontaler Richtung wachsen; blattförmig.

**Geometrisch** bezeichneter Habitus: Hinweis auf die geometrische Gestalt des Kristalls, die nicht unbedingt mit der kristallographischen Polyederform übereinstimmen muß (prismatischer Habitus, kubischer Habitus usw.)

Es gibt Mineralien, deren Form aufgrund der Kombination verschiedener Seitenflächen nicht mit ihrer kristallographischen Struktur übereinstimmt. Zum Beispiel kristallisiert Pyrit hemiedrisch im kubischen System und weist daher vier dreizählige Achsen auf. Die äußere Erscheinungsform entspricht mitunter einem Würfel, dessen Seitenflächen jedoch nicht gleich sind, was sich oft an der unterschiedich verlaufenden Streifung ablesen läßt. Die Achsen durch die Mittelpunkte der Seitenflächen sind zweizählig; in diesem Fall ist zwar der Habitus kubisch, nicht aber das kristalline Polyeder.

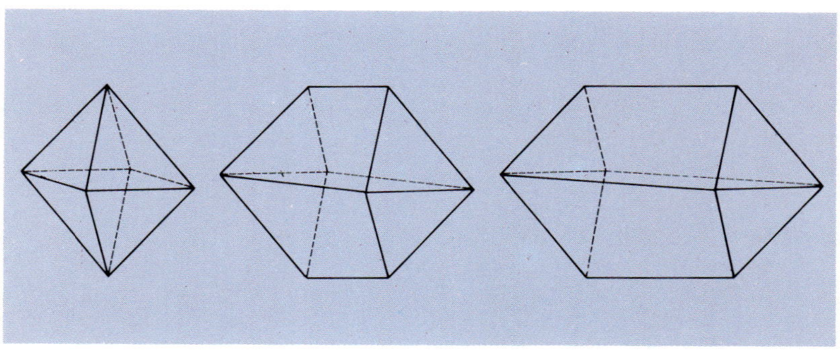

**Abb. 10.** Der Idealkristall entspricht einem perfekten geometrischen Polyeder. In der Natur sind die Kristalle allerdings diversen Umgebungsbedingungen ausgesetzt, die zu einer unterschiedlichen Entwicklung der Seitenflächen führen. Ein natürlich gewachsener Realkristall entspricht der Idealform nur insoweit, als er die gleiche Anzahl an Seitenflächen besitzt, die untereinander die gleichen Winkel bilden (Gesetz der Winkelkonstanz von Kristallflächen, Steno). Auf der Zeichnung sind verschiedene Oktaeder dargestellt: das erste entspricht dem Idealkristall, das letzte besitzt einen prismatischen Habitus.

**Abb. 11.** Verschiedene Quarzkristalle. Zu beachten ist, daß die unterschiedliche Entwicklung der Seitenflächen zu einer jeweils anderen äußeren Erscheinungsform führt, obwohl es sich in allen Fällen um ein und denselben kristallographischen Polyeder handelt.

**Abb. 12.** Kristalliner Habitus. Von links oben nach rechts unten: nadeliger Habitus bei Millerit; tafeliger Habitus bei Glimmer; prismatischer Habitus bei Kalkspat; kubischer Habitus bei Pyrit (die in unterschiedlicher Richtung verlaufenden Streifen weisen darauf hin, daß die Seitenflächen nicht alle gleich sind) und hexagonaler Habitus bei Aragonit.

# Kristalline Aggregate

In der Natur wachsen die Kristalle nur selten isoliert, normalerweise treten sie vielmehr in Aggregaten auf. Diese Aggregate können sehr klein sein (die Bestandteile von Tonmineralien sind unter dem optischem Mikroskop nicht erkennbar), aber auch Größenordnungen von mehr als einem Meter erreichen.

Mineralienaggregate lassen sich in zwei Klassen einteilen: Sie werden als heterogen bezeichnet, wenn sie sich aus verschiedenen Arten zusammensetzen, und als homogen, wenn sie aus einer Art bestehen.

## HETEROGENE AGGREGATE

Bei den Gesteinen der Erdkruste handelt es sich um Mineralienaggregate, die, je nach ihren Bildungsbedingungen und der Zugehörigkeit zu einer Gesteinsklasse, in einer Vielzahl unterschiedlicher Formen und Größen vorkommen, auch wenn ihre innere Struktur mit der der einzelnen Kristalle identisch ist. Die Gesteinskunde basiert auf der Bestimmung der mineralischen Bestandteile der Gesteine. Deshalb kommen hier die gleichen Verfahren wie in der Mineralogie zum Einsatz, die jedoch auf die besonderen Merkmale dieser Bestandteile (z.B. Größe) abgestimmt sind.

## HOMOGENE AGGREGATE

Unter homogenen Aggregaten versteht man Verwachsungen mehrerer Kristalle der gleichen Mineralienart, die sich gemeinsam gebildet haben. Man unterscheidet:

**Dendritische Aggregate:** Die Kristalle bilden beim Wachsen äußerst feine Verästelungen aus, die gelegentlich mit Versteinerungen verwechselt werden. Das bekannteste Beispiel ist der Pyrolusit.

**Traubige Aggregate:** Die Kristalle wachsen radial und bilden kugelförmige Gruppen. Ein Beispiel ist der Goethit.

**Drusen:** im allgemeinen kleine Kristalle, die an der Innenwand eines Gesteinshohlraums wachsen.

**Geoden:** Die Kristalle kleiden einen durch rasch erstarrte Lava entstandenen Hohlraum aus und lassen in der Mitte eine Öffnung frei. Das bekannteste Beispiel ist der Amethyst, der sich durch Niederschlag von in Wasser gelöster Kieselsäure bildet.

**Zwillingskristalle:** Bei Zwillingskristallen handelt es sich um homogene und symmetrische Aggregate aus zwei oder mehreren Kristallen, die sich an einer Ebene spiegeln oder um eine Achse drehen lassen und gemäß des sogenannten Zwillingsgesetzes gebildet werden.

Man unterscheidet folgende Verzwillingungsarten:

- Wachstumsverzwillingung: Die Bausteine ordnen sich sowohl nach dem Zwillingsgesetz als auch nach den Bildungsgesetzen des Kristalls selbst an. Beispiel: Aragonit.

- Umwandlungsverzwillingung: beim Übergang von einer polymorphen Form zur anderen entstehen bei der Umwandlung Zwillingskristalle. Beispiel: Quarzbildung bei niedrigen Temperaturen.

- Gleitverzwillingung: Sie tritt bei verformbaren Mineralien auf, wenn die Kristalle mechanischer Beanspruchung ausgesetzt sind. Beispiel: Kalkspat auf metamorphen Gesteinen.

Morphologisch lassen sich drei Arten von Zwillingskristallen unterscheiden: Berührungszwillinge, Durchwachsungszwillinge und Ergänzungszwillinge. Das jeweils gültige Zwillingsgesetz hängt davon ab, in welchem System das Mineral kristallisiert.

- Berührungszwillinge: Die Kristalle verwachsen an einer Zwillingsebene. Dabei kann es sich um eine reale oder mögliche Seitenfläche eines Kristalls handeln, niemals aber um eine Symmetrieebene. Beim aus zwei Oktaedern bestehenden Spinell-Zwilling, der so genannt wird, weil er bei diesem Mineral besonders häufig vorkommt, wird die Zwillingsebene von einer gemeinsamen Seitenfläche gebildet. Der Spinell-Zwilling kommt auch bei Diamanten häufiger vor. Gips verzwillingt sich an einer Seite des monoklinen Prismas, wobei er eine ganz charakteristische Struktur annimmt, die als Schwalbenschwanz-Zwilling bezeichnet wird (Abb. 115). Beim Japanerzwilling verwachsen zwei Quarzkristalle an jeweils einer Pyramidenseite.

- Durchwachsungszwillinge: Dabei handelt es sich um Kristallindividuen, die einander umschließen. Die Verbindungsfläche ist unregelmäßig und die Gesetzmäßigkeiten der Bildung werden von einer Achse bestimmt, die nicht mit den Symmetrieachsen des Kristalls übereinstimmt. Beispiele für Durchwachsungszwillinge sind das Andreaskreuz des Staurolith (Abb. 139), der Karlsbader Zwilling des Orthoklas sowie Quarzkristalle nach dem Brasilianer- und dem Dauphinéergesetz.

- Ergänzungszwillinge: Darunter versteht man die Verwachsung von mindestens drei Kristallen. Man unterscheidet: (a) bei den Plagioklasen die typischen polysynthetischen Zwillinge mit parallel verlaufenden Zwillingsebenen; (b) zyklische Zwillinge mit nicht parallel verlaufenden Ebenen, die etwa bei Cerussit oder Crysoberyll gelegentlich einen Ring bilden, sowie (c) mimetische Zwillinge wie sie beim Aragonit vorkommen. Hier durchdringen sich drei rhombische Kristalle derart, daß ein scheinbar hexagonales Prisma entsteht.

**Abb. 13.** Einteilung der kristallinen Aggregate. Auf den Zeichnungen unterhalb der Photos der drei Zwillingsarten sind die Bestandteile der Aggregate farblich voneinander abgehoben.

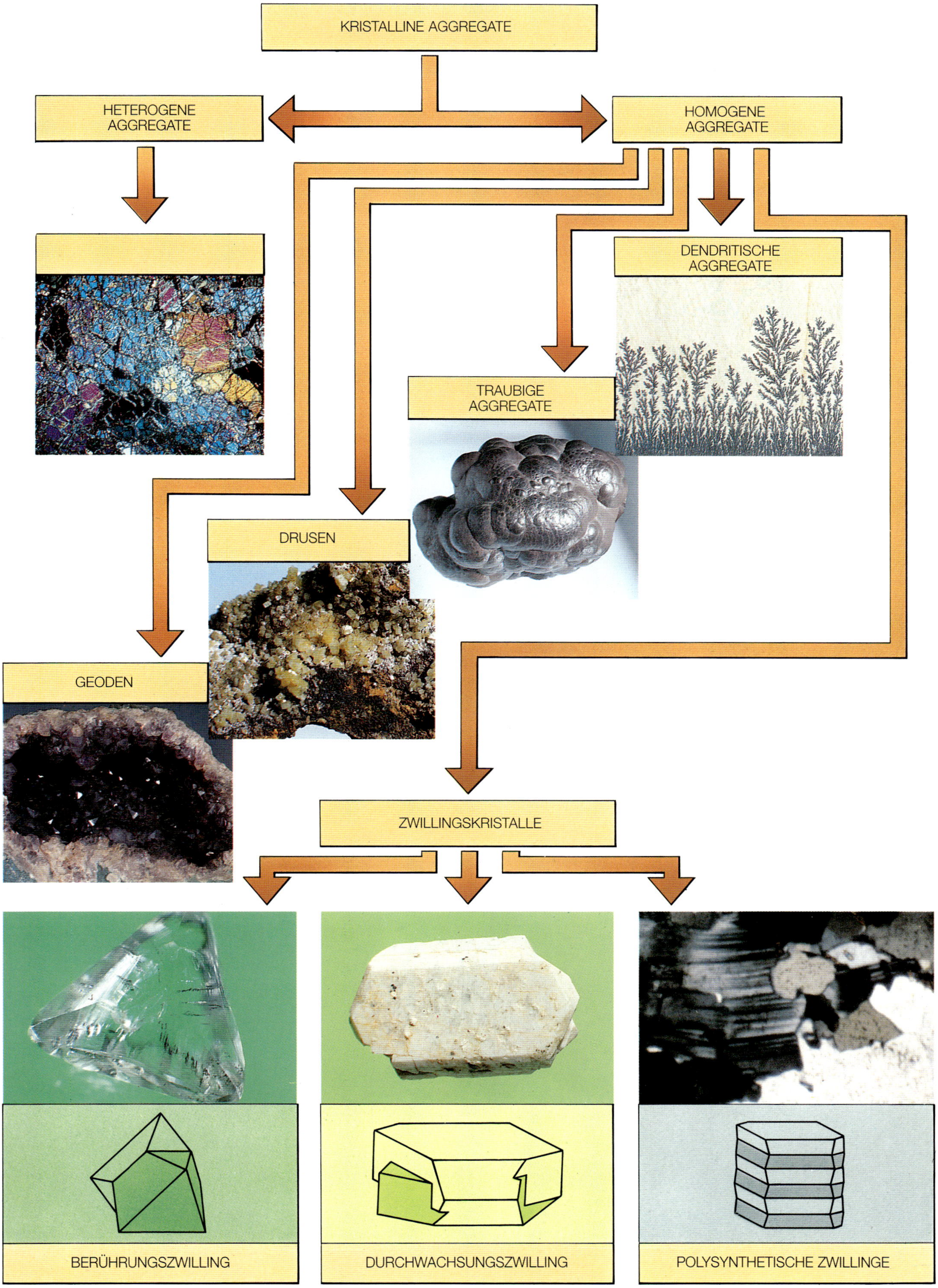
KRISTALLINE AGGREGATE
HETEROGENE AGGREGATE
HOMOGENE AGGREGATE
DENDRITISCHE AGGREGATE
TRAUBIGE AGGREGATE
DRUSEN
GEODEN
ZWILLINGSKRISTALLE
BERÜHRUNGSZWILLING
DURCHWACHSUNGSZWILLING
POLYSYNTHETISCHE ZWILLINGE

# Physikalische Eigenschaften I

Wie alle anderen Stoffe besitzen auch Mineralien für sie typische physikalische und chemische Eigenschaften, die meist eine rasche und eindeutige Bestimmung ermöglichen.

## STRUKTURABHÄNGIGE EIGENSCHAFTEN

### Härte

Unter Härte versteht man den Widerstand, den ein Festkörper dem Eindringen in seine Oberfläche entgegensetzt. Ein härteres Mineral ritzt stets ein weicheres und läßt sich von diesem nicht ritzen.

Da die Härte jeder Mineralienart konstant ist, stellt die Härteprüfung ein rasches und einfaches Verfahren zur Bestimmung unbekannter Mineralien dar. Die dabei meist verwendete Härteskala nach Mohs reicht von 1 bis 10, wobei jeder Grad der Härte eines bestimmten Leitminerals entspricht:

1. Talk
2. Gips
3. Kalkspat
4. Flußspat
5. Apatit
6. Orthoklas
7. Quarz
8. Topas
9. Korund
10. Diamant

Bei der Härte handelt es sich um eine vektorielle Eigenschaft, die von der Zusammensetzung des Minerals sowie seiner Struktur abhängt. Packungsdichte (je höher, umso härter) und Ionengröße (je kleiner, umso härter) bestimmen die Struktur. Je nach der chemischen Formel liegen unterschiedliche Bindungstypen und Ionenladungen vor: starke Bindungskräfte und große Ladungen gehen mit einer großen Härte einher.

Die Mohs-Skala ist zwar praktisch und leicht anwendbar, liefert aber keine exakten Werte, da sie nicht linear aufgebaut ist. Die Härtezunahme zwischen den einzelnen Gradeinteilungen erfolgt nicht einheitlich. So ist Korund 1,25 mal härter als Topas, Diamant aber viermal härter als Korund.

Daher müssen noch weitere Methoden und Skalen zur Bestimmung des Härtegrades angewandt werden, die allerdings kompliziertere Geräte erfordern. In Abbildung 14 sind die Härtegrade der Leitmineralien der Mohs-Skala der Vickers-Skala gegenübergestellt.

### Bruch

Bei Schlageinwirkung kann ein Mineral zerbrechen. Unter Bruch versteht man die Beschaffenheit der entstehenden Bruchflächen. Nach ihrem Aussehen werden sie als muscheliger (Abb. 15), unebener, splittriger, hakiger oder erdiger Bruch bezeichnet.

Viele Mineralien zeigen beim Zerschlagen eine ebene Bruchfläche. In diesem Fall spricht man von Spaltbarkeit.

### Spaltbarkeit

Die Spaltbarkeit ist Folge der geometrisch-räumlichen Verteilung der Kristallbausteine. Daher können amorphe Stoffe diese Eigenschaft nicht besitzen. Man versteht darunter die Bildung von Spaltkörpern mit ebenen Spaltflächen durch mechanische Beanspruchung. Die Trennung erfolgt stets entlang der Netzebenen, zwischen denen nur relativ geringe Bindungskräfte herrschen.

Jede Mineralienart weist eine charakteristische Anzahl an Spaltrichtungen und dabei gebildeten Winkeln auf. Sie sind bei jeder Art konstant und entsprechen den realen oder möglichen Seitenflächen des Kristalls. Dabei handelt es sich um Ebenen mit der höchsten Netzdichte, da hier die höchste Konzentration an Ionen bzw. Atomen vorliegt.

Die Spaltbarkeit wird beim Schleifen von Edelsteinen ausgenutzt. Die Spaltflächen im Diamant verlaufen beispielsweise parallel zu den Oktaederflächen. Vor Beginn des Brillantschliffs wird parallel zu den Seitenflächen des Oktaeders ein kurzer, harter Schlag ausgeführt, um den Diamanten zu spalten. Dieser Vorgang ist äußerst schwierig und erfolgt erst dann, wenn der Stein genau untersucht und sorfältig aufgekittet wurde.

Die Güte der Spaltbarkeit der Mineralien wird mit vollkommen, gut, undeutlich und angedeutet bezeichnet. Entsprechend der Anzahl der Spaltrichtungen und der entstehenden Winkel spricht man von pinakoider, kubischer, rhomboedrischer, oktaedrischer und prismatischer (Abb. 16) Spaltbarkeit.

Nicht alle Mineralien lassen sich spalten, die meisten nur schlecht. Da aber die Anzahl der Spaltrichtungen bei allen Vertretern einer Mineralart konstant ist, kann diese Eigenschaft zur Bestimmung der Mineralien außerordentlich nützlich sein.

| MINERAL | HÄRTE NACH MOHS | HÄRTE NACH VICKERS |
|---|---|---|
| Talk | 1 | 20 |
| Gips | 2 | 70 |
| Kalkspat | 3 | 110 |
| Flußspat | 4 | 180 |
| Apatit | 5 | 500 |
| Orthoklas | 6 | 700 |
| Quarz | 7 | 1300 |
| Topas | 8 | 1600 |
| Korund | 9 | 2000 |
| Diamant | 10 | 8000 |

**Abb. 14.** Die Tabelle zeigt einen Vergleich der Härteskalen nach Mohs und nach Vickers. Anhand der linearen Vickers-Skala wird deutlich, wie sich die Härtegrade zwischen den Leitmineralien der Mohs-Skala tatsächlich unterscheiden.

**Abb. 15.** Muscheliger Bruch bei Jaspis. Der muschelige Bruch zeichnet sich durch eine sanft gewellte Bruchfläche wie im Inneren einer Muschel aus. Gut spaltbare Mineralien bilden nur selten Bruchflächen aus, stattdessen jedoch Spaltflächen.

**Abb. 16.** Mineralien mit ähnlicher Erscheinungsform lassen sich anhand ihrer Spaltbarkeit unterscheiden. Von links nach rechts: pinakoide Spaltung bei Glimmer (es gibt nur eine Spaltrichtung; die Spaltung erfolgt ausschließlich zwischen parallelen Flächen); kubische Spaltung bei Bleiglanz (die drei Spaltrichtungen bilden einen Winkel von jeweils 9°); rhomboedrische Spaltung bei Kalkspat (die drei Spaltrichtungen bilden die Winkel eines Rhomboeders); oktaedrische Spaltung bei Flußspat (die vier Spaltrichtungen bilden die Winkel eines Oktaeders).

# Physikalische Eigenschaften II

### Tenazität (Zähigkeit)

Unter Tenazität versteht man den Widerstand eines Körpers gegen Zertrümmerung oder Verformung. Diese Eigenschaft hängt eng mit der Kohäsion zwischen den Bausteinen des Kristallgitters zusammen.

Die Tenazität eines Minerals wird anhand folgender Begriffe näher bestimmt:

Sprödigkeit: Spröde Mineralien zerspringen bei einem kurzen, kräftigen Schlag. Beispiel: Quarz.

Duktilität: Duktile Mineralien lassen sich zu Draht ziehen. Beispiele: gediegenes Kupfer, Gold und Silber.

Geschmeidigkeit: Die Geschmeidigkeit gibt an, ob sich Mineralien zu dünnen Blättchen schmieden lassen. Beispiel: gediegene Metalle wie Kupfer, dessen Geschmeidigkeit zur Fertigung verschiedener Gegenstände genutzt wird (Abb. 17).

Elastizität: Elastische Mineralien sind biegbar und kehren nach Verformung in ihren Ausgangszustand zurück. Beispiel: Glimmer.

Plastizität: Es gibt Mineralien, die sich bei entsprechender Beanspruchung dauerhaft verformen. Beispiel: Gips (Abb. 18).

Schneidbarkeit: Aus einem schneidbaren Mineral lassen sich mit einem Messer schmale Späne herausschälen. Beispiel: Gips.

### Spezifisches Gewicht

Unter dem spezifischen Gewicht versteht man die Masse eines Stoffes pro Volumeneinheit. Bei den Mineralien hängt dieser Wert von den jeweiligen atomaren Bausteinen und der Dichte des Raumgitters ab. Die Dichte des Raumgitters ist auch dafür verantwortlich, daß Mineralien mit der gleichen chemischen Formel (Polymorphie, siehe S. 22) ein unterschiedliches spezifisches Gewicht aufweisen können. So ist das spezifische Gewicht von Kalkspat höher als das von Aragonit, obwohl es sich chemisch gesehen bei beiden Mineralien um Calziumcarbonat handelt.

## OPTISCHE EIGENSCHAFTEN

### Farbe

Bei der Farbe handelt es sich um die Eigenschaft, die uns an einem Mineral zuerst auffällt. Es gibt Mineralien - die sogenannten idiochromatischen Mineralien - die eine eigene Farbe besitzen, deren Intensität jedoch schwanken kann. Da die Farbe aber bei allen Vertretern einer Art gleich ist, spielt sie bei der Bestimmung des Minerals eine wichtige Rolle. Als Beispiele dienen Zinnober (S. 41, Abb. 64) und Azurit (S. 59, Abb. 103). Die meisten Mineralienarten sind allerdings selbst farblos. Eventuelle Verfärbungen lassen sich auf vielfältige Ursachen wie etwa Verunreinigungen im Kristallgitter zurückführen. In einem solchen Fall hängt die Färbung von den artfremden Beimengungen ab. Die Farbe dieser sogenannten allochromatischen Mineralien ist für die Bestimmung der Art unerheblich. Feldspat ist ein gutes Beispiel für ein allochromatisches Mineral, da er ein breites Spektrum an Färbungen annehmen kann.

Bei der Betrachtung der Farbe eines Minerals ist darauf zu achten, daß die Oberfläche nicht verwittert ist. Daher ist es ratsam, eine frische Bruchfläche heranzuziehen.

### Strichfarbe

Alle allochromatischen Mineralien weisen die gleiche Farbe auf, wenn man sie zerreibt. Zur Prüfung genügt es, mit einem härteren Gegenstand einen Strich auf dem zu bestimmenden Mineral aufzubringen, da es sich dabei um nichts anderes als eine mit Mineralpulver gefüllte Furche handelt. Methodisch besser ist es, eine Ecke des Minerals auf einem unglasierten, weißen Porzellantäfelchen oder auf der Rückseite einer Fliese abzureiben.

### Glanz

Der Glanz eines Minerals hängt davon ab, wie und zu welchen Anteil die Lichtstrahlen an seiner Oberfläche reflektiert werden. Daher hängt die Art des Glanzes entscheidend von der jeweiligen Oberflächenbeschaffenheit ab.

Metallisch glänzende Mineralien sind grundsätzlich dunkel. Es handelt sich dabei meist um gediegene Metalle oder Sulfide. Ist der metallische Glanz nur schwach ausgeprägt, spricht man mitunter auch von submetallischem Glanz.

Außer metallischem Glanz gibt es noch Glas-, Perlmutt-, Harz-, Seiden-, Fett- und Diamantglanz. Auf eine Erläuterung dieser Begriffe wird hier verzichtet.

### Brechungsindex

Wenn ein Lichtstrahl aus einem Medium in ein anderes übertritt, erfährt er eine Geschwindigkeits- und Richtungsänderung. Das ist die Ursache für einige Phänomene, die wir aus dem täglichen Leben kennen, etwa, daß einem ein Gewässer flacher vorkommt als es in Wirklichkeit ist. Die Brechung ist abhängig vom Winkel, in dem der Lichtstrahl in das neue Medium einfällt, und dem zwischen den beiden Medien herrschenden Dichteunterschied.

Der Winkel zwischen einfallendem Strahl und Einfallslot wird als Einfallswinkel (i) bezeichnet. Der Winkel zwischen gebrochenem Strahl und Einfallslot wird als Brechungswinkel (r) bezeichnet. Das Brechungsgesetz von Snellius legt folgendes Verhältnis fest: $\sin i / \sin r = n$. Das heißt, das Verhältnis zwischen Einfalls- und Brechungswinkel ist konstant.

Beim Eindringen in ein Mineral wird ein Lichtstrahl abgelenkt, wobei das Maß der Ablenkung vom Einfallswinkel und der Beschaffenheit des Minerals abhängt. Dies bedeutet, daß n einen für jedes Mineral charakteristischen Wert hat, der als Brechungsindex bezeichnet wird.

Mit Hilfe des Mikroskops läßt sich dieser Brechungswinkel mühelos berechnen.

**Abb. 17.** Geschmeidige Metalle lassen sich hämmern. Bei Kupfer wurde diese Eigenschaft zur Fertigung von Gefäßen genutzt. Das geschmeidigste Metall ist Gold, das sich zu Blättchen mit einer Dicke von lediglich einem zehntel Mikrometer schmieden läßt (Goldplättchen).

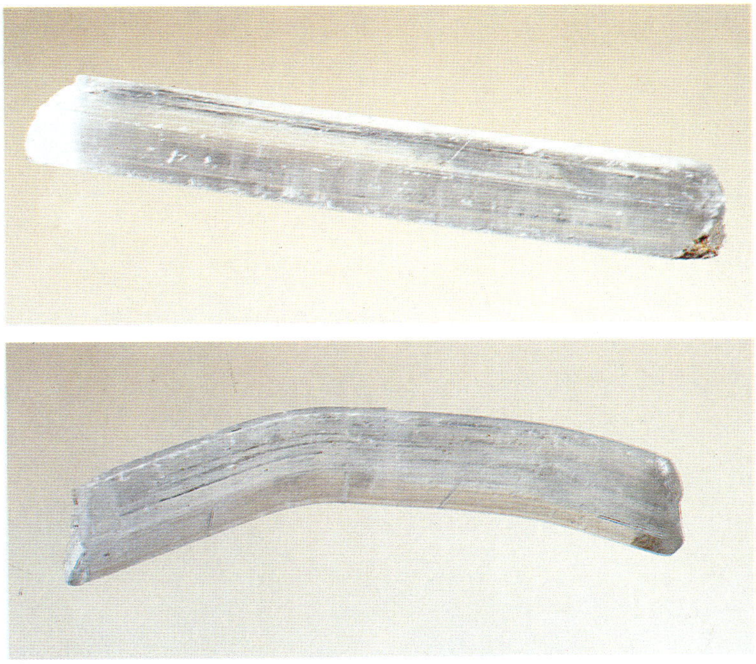

**Abb. 18.** Gipskristall vor und nach manueller Verformung.

**Abb. 19.** Beryll gehört zu den allochromatischen Mineralien. Auf dem Photo gehen die Farbunterschiede der verschiedenen Exemplare deutlich hervor.

# Physikalische Eigenschaften III

### Doppelbrechung

Amorphe Stoffe und Mineralien, die im kubischen System auskristallisieren, besitzen einen einzigen Brechungsindex. Das bedeutet, daß das Licht sie in allen Richtungen mit gleicher Geschwindigkeit passiert. Bei Mineralien, die in anderen Systemen auskristallisieren, wird der einfallende Lichtstrahl dagegen in zwei Strahlen zerlegt, die sich mit unterschiedlichen Geschwindigkeiten in unterschiedliche Richtungen ausbreiten. Einer dieser Strahlen, der ordentliche Strahl, folgt den Brechungsgesetzen, während sich der andere, der sogenannte außerordentliche Strahl, darüber hinwegsetzt. Der Winkel, den diese beiden Strahlen einschließen, und damit auch der Geschwindigkeitsunterschied beider Strahlen hängt vom Einfallswinkel des Lichtstrahls ab. Die maximale Differenz zwischen den Brechungsindizes dieser beiden Strahlen wird als Doppelbrechung bezeichnet.

Im allgemeinen ist der Wert der Doppelbrechung gering. Im Extremfall des Isländischen Doppelspats werden die beiden Strahlen im Mineral allerdings so stark voneinander abgelenkt, daß ein Doppelbild entsteht (Abb. 20).

### Lumineszenz

Unter Lumineszenz versteht man das Leuchten eines Stoffes ohne gleichzeitige Temperaturerhöhung (kaltes Leuchten). Einige Mineralien werden durch Licht oder andere Strahlung (Ultraviolettstrahlung) angeregt und geben die dabei aufgenommene Energie in Form sichtbaren Lichts wieder ab.

Lumineszenzphänomene lassen sich in zwei Gruppen einteilen: Phosphoreszenz, wenn die Lichtabgabe auch nach Ende der Anregung fortgesetzt wird, und Fluoreszenz, wenn die Lichtabgabe nur während der Anregung erfolgt (Abb. 21).

Lumineszenzerscheinungen zeichnen sich in der Regel durch eine geringe Intensität aus und stehen vielfach nicht nur mit der Mineralienart, sondern auch mit der jeweiligen Lagerstätte in Zusammenhang: so lassen sich Mineralien mitunter anhand ihrer Lumineszenzerscheinungen einem bestimmten Fundort zuordnen.

## ELEKTRISCHE EIGENSCHAFTEN

### Leitfähigkeit

Die elektrische Leitfähigkeit hängt von der Art der chemischen Bindung ab. Gediegene Metalle sind gute elektrische Leiter, Mineralien mit halbmetallischer Bindung wie die Sulfide leiten den Strom schlechter, während es sich bei den meisten übrigen Mineralien um Isolatoren handelt.

Bei vielen Mineralien ist die Leitfähigkeit eine vektorielle Eigenschaft, das heißt, es ergeben sich je nach Richtung unterschiedliche Werte.

Neben der Leitfähigkeit weisen verschiedene Mineralien noch weitere elektrische Eigenschaften auf:

### Pyroelektrizität

Bei einigen Kristallen ohne Symmetriezentrum entstehen bei Erwärmung entgegengesetzte elektrische Ladungen an den gegenüberliegenden Kristallseiten (Abb. 22). Bei Abkühlung ergibt sich eine entgegengesetzte Polarisierung.

### Piezoelektrizität

Erfährt ein piezoelektrischer Kristall eine mechanische Druckbelastung, ordnen sich entgegengesetzte elektrische Ladungen an den gegenüberliegenden Polen an. Wird der Kristall einer mechanischen Zugbelastung ausgesetzt, drehen sich diese Pole um. Voraussetzung für die Piezoelektrizität ist, daß es sich bei dem Kristall um einen Isolator handelt, da sich die Ladungen andernfalls aufheben würden.

Man kann aber auch den gegenteiligen Effekt beobachten: Bringt man einen Quarzkristall in ein elektrisches Wechselfeld, wird er zu Schwingungen mit beträchtlicher Konstanz angeregt. Diese piezoelektrische Eigenschaft von Quarz wird zur Steuerung von Präzisionsuhren genutzt.

Eine Reihe von Mineralien zeigt ebenfalls piezoelektrisches Verhalten. Der bekannteste Vertreter neben Quarz ist Turmalin.

Sowohl Piezoelektrizität als auch Pyroelektrizität lassen sich anhand einer vom deutschen Physiker A. Kundt (1839 - 1894) im letzten Jahrhundert entwickelten Methode nachweisen: Wenn man ein Mineral mit einer Mischung aus Schwefel (elektronegativ) und Mennige (elektropositiv) bestäubt, bleibt das gelbe Pulver am positiven Pol und das rote Pulver am negativen Pol des Minerals haften.

### Statische Aufladung

Diese Eigenschaft tritt zwar nur selten auf, hat aber schon vor tausenden von Jahren zur Entdeckung der Elektrizität geführt. Bereits der Steinzeitmensch kannte das Phänomen, daß Bernstein durch Reibung dazu gebracht werden kann, Haare abstehen zu lassen oder Sandkörner anzuziehen.

## MAGNETISCHE EIGENSCHAFTEN

Auch der Magnetismus wurde mit Hilfe eines Minerals entdeckt und danach benannt: der Magnetit. Es gibt aber nur wenige Mineralien, bei denen diese physikalische Eigenschaft so ausgeprägt ist, daß sie sich über einen Magneten per Hand feststellen ließe. Die meisten Mineralien reagieren erst auf die viel größere Kraft eines starken Feldmagneten.

**Ferromagnetische Mineralien:** Diese Mineralien werden stark von Magnetfeldern angezogen. Zu den bekanntesten Vertretern gehören Magnetit, Ilmenit und Pyrrhotin. Einige Magnetitarten zeigen einen polaren Magnetismus (d.h. sie ziehen Eisen an); in geringerem Umfang kann auch Pyrrhotin diese Eigenschaft aufweisen.

**Paramagnetische Mineralien:** Diese Mineralien werden von den Polen eines Magneten nur schwach angezogen. Zu den wichtigsten Vertretern gehören Rutil und Beryll sowie diverse eisenhaltige Mineralien.

**Diamagnetische Mineralien:** Diese Mineralien werden von einem Magnetfeld schwach abgestoßen. Zu den wichtigsten Vertretern gehören Schwefel, Titanit, gediegenes Kupfer, gediegenes Silber usw.

Die unterschiedlichen magnetischen Eigenschaften der Mineralien werden in der Industrie und im Labor zur Trennung von Gemengen ausgenutzt (Abb. 23).

**Abb. 20.** Doppelbrechung beim Isländischen Doppelspat. Links: bei dem gespaltenen Rhomboeder erscheint der Schriftzug doppelt. Rechts: schematische Darstellung der Zerlegung eines Lichtstrahls beim Durchgang durch das Mineral.

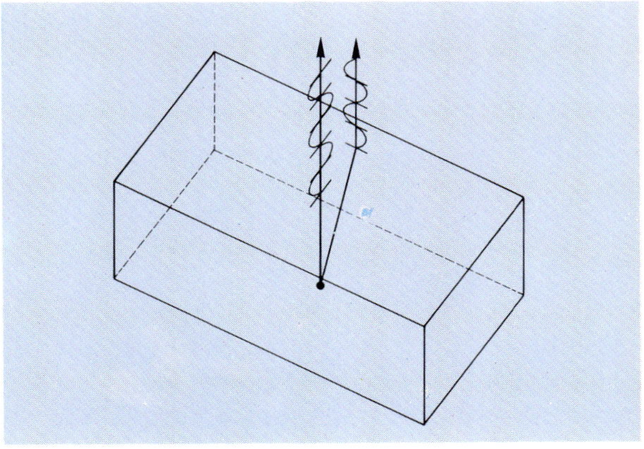

**Abb. 21.** Fluoreszenz bei Autunit. Links: Beleuchtung mit natürlichem Licht. Rechts: Beleuchtung mit ultraviolettem Licht.

**Abb. 22.** Ein heißer Turmalinkristall zieht aufgrund seiner Pyroelektrizität Aschepartikel an.

**Abb. 23.** Magnetabschneider. Bei den Verfahren zur Trennung von Mineralien werden die Proben zuerst gemahlen. Die Korngröße hängt dabei von der Struktur des jeweiligen Gesteins ab. Die Verfahren basieren auf den jeweils unterschiedlichen Eigenschaften der Mineralien: Dichte, Kornform, Oberflächenbeschaffenheit, elektrische Eigenschaften, Magnetismus usw. Der Magnetabscheider dient zur Trennung von Mineralien mit unterschiedlichen magnetischen Eigenschaften.

# Polymorphie

## CHEMISCHE EIGENSCHAFTEN

Eigenschaften und Kristallstruktur der Mineralien hängen direkt von ihrer chemischen Zusammensetzung ab.

Die Elementarzelle enthält alle Atome der chemischen Summenformel eines Minerals, bzw. ein Vielfaches davon. Das Kristallgitter kann durch einen oder mehrere Bindungstypen aufrechterhalten werden: Halit weist beispielsweise nur Ionen-, der Diamant nur Atom- und Gold nur Metallbindungen auf. Bei anderen Mineralien tritt dagegen mehr als ein Bindungstyp gleichzeitig auf: bei Kalkspat ($CaCO_3$) sind Kohlenstoff und Sauerstoff über eine Atombindungen zu einer $CO_3$-2 Gruppe gebunden, die ihrerseits über eine Ionenbindung mit einem Kalziumion gebunden ist. Mitunter kann auch noch ein dritter, sehr schwacher Bindungstyp zwischen den einzelnen Gitterebenen auftreten: die sogenannte Van-der-Waals-Bindung (aufgrund der schwachen Van-der-Waals-Kräfte lassen sich derartig verbundene Ebenen leicht trennen: Spaltbarkeit)

Jeder Bindungstyp sorgt für charakteristische Eigenschaften: Stoffe mit Metallbindung weisen beispielsweise eine große Duktilität und eine gute Wärme- und Elektrizitätsleitfähigkeit, aber nur eine relativ geringe Härte auf. Die Eigenschaften von Mineralien mit verschiedenen Verbindungstypen sind gemischt.

Das Zahlenverhältnis, in dem sich die Ionen innerhalb des Moleküls um ein Zentralion anordnen (Koordinationszahl), hängt von deren relativer Größe und elektrischer Ladung ab. Ein Chlorion (Cl-) in Natriumchlorid (Halit = Steinsalz) ist beispielsweise von sechs Natriumionen (Na+) umgeben, während ein Natriumion von sechs Chlorionen umgeben ist.

Bindungstyp und Koordinationszahl sind für die Struktur der verschiedenen chemischen Verbindungen verantwortlich.

## POLYMORPHIE

Gelegentlich läßt die chemische Beschaffenheit eines Stoffes die Entstehung von zwei oder mehr Strukturen zu, je nach Druck- und Temperaturverhältnissen der Bildung. Daher können zwei oder drei Mineralien (mit unterschiedlicher Ordnung und Symmetrie) mit der gleichen chemischen Summenformel entstehen, die äußerst unterschiedliche physikalische Eigenschaften aufweisen (z.B. Härte, Farbe usw.) können. In einem solchen Fall spricht man von Polymorphie.

Diamant besteht ebenso wie Graphit aus reinem Kohlenstoff. Da er aber im kubischen System kristallisiert und eine hohe Packungsdichte aufweist, ist er sehr hart und besitzt ein hohes spezifisches Gewicht. Graphit dagegen kristallisiert im hexagonalen System und weist einen größeren Abstand zwischen den einzelnen Atomen auf. Härte und spezifisches Gewicht sind daher niedriger.

Polymorphe Umwandlungen können bei bestimmten Druck- und Temperaturverhältnissen umkehrbar sein oder nicht. Die Umwandlung von Markasit zu Pyrit erfolgt beispielsweise langsam und spontan, während die umgekehrte Reaktion von Pyrit zu Markasit nicht möglich ist, sofern die Pyritkristalle nicht eingeschmolzen oder aufgelöst werden (Markasit gilt als instabile Form und Pyrit als stabile Form).

Die Umwandlung von Quarz zu Tridymit ist dagegen bei einem Druck von 1 atm und einer Temperatur von 867° C umkehrbar. Deshalb ist Tridymit unter Normalbedingungen nicht beständig. Ist die Kristallstruktur dagegen mit Fremdatomen verunreinigt (Natrium), kann keine Umstrukturierung und damit keine Quarzbildung stattfinden. In diesem Fall ist Tridymit auch unter normalen Umgebungsbedingungen stabil.

Viele polymorphe Umwandungen galten lange Zeit als nicht umkehrbar. Erst mit der Weiterentwicklung der technischen Möglichkeiten, bestimmte Druck- und Temperaturverhältnisse künstlich herbeizuführen, konnte gezeigt werden, daß viele dieser Reaktionen reversibel sind. Ein Beispiel ist die Umwandlung von Graphit in Diamanten bei hohem Druck und hohen Temperaturen - je höher die Temperatur, desto schneller erfolgt die Umwandlung. Mit diesem Verfahren lassen sich künstliche Diamanten herstellen, die aufgrund ihrer schlechten Qualität (Farbe, Verunreinigungen usw.) nur in der Industrie verwendet werden.

Als weitere Beispiele für Polymorphismus gelten:

Calcit - Aragonit

(trigonal-rhomboedrisch) (rhombisch)

Die Umwandlung erfolgt bei einer Temperatur von -60° C.

Die Umwandlung von Brookit zu Anatas erfolgt bei 700° C, die von Anatas zu Rutil bei 915° C.

| BINDUNGSTYP | MERKMALE | EIGENSCHAFTEN |
|---|---|---|
| Ionenbindung | Völlige Übertragung der Elektronen von einem Atom zum anderen. | Hoher Schmelz- und Siedepunkt. Große Härte und Sprödigkeit. Farblos oder schwach gefärbt. |
| Atombindung | Teilweise Übertragung der Elektronen von einem Atom zum anderen. | Hoher Schmelzpunkt. Mittlere oder große Härte. |
| Metallbindung | Wechselnde Atombindungen zwischen den verschiedenen Atomen. | Hoher Schmelzpunkt. Mittlere oder große Härte. |
| Van-der-Waals-Bindung | Schwache elektrische Anziehungskräfte zwische polarisierten Atomen. | Hoher Schmelzpunkt. Mittlere oder große Härte./Äußerst niedriger Schmelz- und Siedepunkt. |

**Abb. 24.** Einige Eigenschaften eines Stoffes sind abhängig vom chemischen Bindungstyp. Ein Mineral kann mehrere Bindungstypen gleichzeitig aufweisen. In diesem Fall hängen die Eigenschaften vom Anteil der jeweiligen Bindungen ab.

**Abb. 25.** Chemisch identische Stoffe können verschiedene Kristallgitter ausbilden (Polymorphie) und weisen dann höchst unterschiedliche Eigenschaften auf, wobei jeder Gittertyp einer Mineralienart entspricht. Bei den beiden polymorphen Arten des Kohlenstoffs, Graphit (oben links) und Diamant (oben Mitte), treten die unterschiedlichen physikalischen Eigenschaften deutlich zutage. Bei Rutil (oben rechts), Brookit (unten links) und Anatas (unten rechts) handelt es sich um drei polymorphe Modifikationen von Titanoxid.

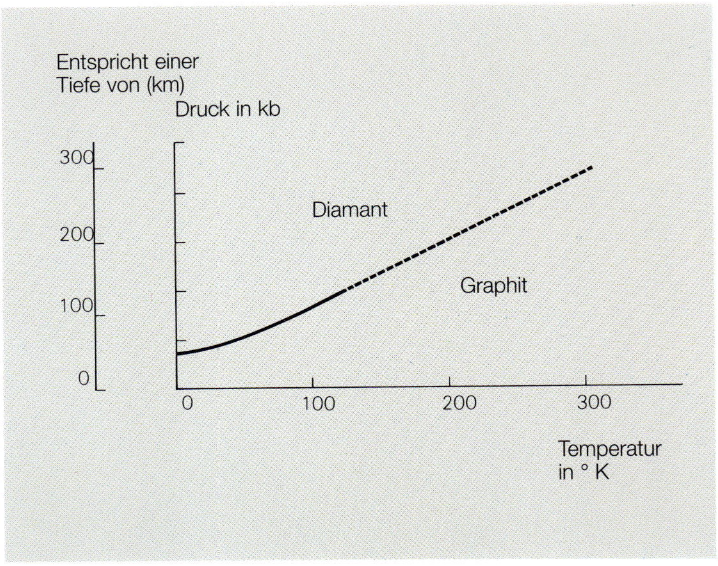


**Abb. 26.** Wie aus dem Schaubild hervorgeht, erfolgt bei hohen Temperaturen und Drücken die Umwandlung von Graphit in Diamant. Auf diesem Prinzip beruht auch die Herstellung künstlicher Diamanten.

**Abb. 27.** Knoten aus konzentrischen Cristobalit- und Tridymit-Schichten (Polymorphe Arten von Siliziumdioxid bei hohen Temperaturen), der sich aufgrund rascher Abkühlung in Obsidiangebildet hat.

# Isomorphie und Pseudomorphie

## ISOMORPHIE

Viele chemische Verbindungen mit ähnlichem Ionenradius und gleichem Bindungstyp bilden Kristallstrukturen mit gleichen Symmetrien und ähnlicher Größe aus. Daher kommt es gelegentlich zur Substitution eines oder mehrerer Ionen des Kristallgitters durch andere ähnliche Ionen. Dieses Phänomen wird als Isomorphie bezeichnet.

Voraussetzung für eine Substitution sind ähnliche Größe und gleiche elektrische Ladung der entsprechenden Ionen. Viktor Moritz Goldschmidt (1888 - 1947) berechnete, daß die Radien der Ionen um nicht mehr als 15 Prozent differieren dürfen und die elektrische Ladung des Kristalls nach der Substitution erhalten bleiben muß. Es kann aber auch ein Kation mit einer einfachen Ladung durch ein anderes mit höherer Ladung ersetzt werden ($Na^+$ durch $Ca^{2+}$), sofern sich dieses Ungleichgewicht über eine andere Substitutionsreaktion ausgleicht (z. B. $Si^{4+}$ durch $Al^{3+}$).

Bei extrem hohen Druck- und Temperaturverhältnissen kann es auch zum Austausch von Ionen kommen, deren Radien um mehr als 15 Prozent differieren.

In der Natur kommt die isomorphe Substitution häufig vor: Olivin ist das Zwischenglied einer Mischkristallreihe mit den Endgliedern Forsterit ($Mg_2SiO_4$) und Fayalit ($Fe_2SiO_4$). Magnesium und Eisen können einander in allen Verhältnissen ersetzen (der Ionenradius von $Fe_2$+ beträgt 0,074 Nanometer (nm), der von $Mg_2$+ 0,066 nm, der Unterschied beträgt mithin weniger als 15 Prozent).

Bei den trigonal-rhomboedrischen Karbonaten (Kalkspatreihe) ist der Austausch von Kalzium durch Magnesium aufgrund der unterschiedlichen Radiengröße schwierig (mehr als 15 Prozent). Daher findet zwischen Kalkspat ($CaCO_3$) und Dolomit ($CaMg(CO_3)2$) keine isomorphe Substitution statt. Bei Siderit ($FeCO_3$) und Magnesit ($MgCO_3$) ist dies möglich ($Fe_2$ durch $Mg_2$).

Bei der isomorphen Granat-Reihe kommt es zum Austausch zwischen zweibindigen und dreibindigen Kationen.

## FESTE LÖSUNGEN

Von festen Lösungen spricht man, wenn zwischen zwei Mineralien die Substitution eines Kations in jedem beliebigen Verhältnis erfolgen kann.

Gelegentlich sind Stoffe nur bei höheren Temperaturen ineinander löslich. Bei langsamer Abkühlung trennt sich das Gemenge und das Gastmineral bildet in der Wirtssubstanz sogenannte Einschlüsse. Dieses Phänomen bezeichnet man als Exolution. Es stellt ein geologisches Thermometer dar, da es die Entmischungstemperatur der Gesteinsschmelze anzeigt. Ein Beispiel sind plutonische Gesteine, die sich nach der Erstarrung flüssigen Gesteins bilden. Bei der Abkühlung trennt sich das Gemisch aus Kalium- (Orthoklas) und Natriumfeldspat (Albit). Aus diesem Prozeß entstehen aufgrund der Albiteinschlüsse Orthoklase mit einer charakteristischen äußeren Erscheinungsform, die als Perthit bezeichnet werden.

Erfolgt die Abkühlung rasch (wie bei der Lava eines Vulkans), bleibt die feste Lösung lange Zeit in metastabilem Zustand bestehen.

Ein weiterer Prozeß der Aufnahme fremder Elemente in das Kristallgitter erfolgt, wenn zwischen den Netzebenen Zwischenräume existieren, die von anderen Elementen besetzt werden können. Zwei Beispiele hierfür sind Stahl, bei dem Kohlenstoff in das kubische Gitter des Eisens eingebaut wird, sowie Turmalin, der ebenfalls aufgrund Einlagerung verschiedener Atome, Radikale oder Molekülgruppen in seine Struktur in unterschiedlichen Varietäten vorkommt.

## EINSCHLÜSSE

Bei Einschlüssen handelt es sich um mineralfremde Substanzen, die in wachsende Mineralien eingeschlossen werden. Sie haben keine Beziehung zum Kristallgitter, wirken mitunter aber als sogenannte Kristallisationskeime, die die Kristallbildung auslösen.

Es gibt verschiedene Arten von Einschlüssen; einige geben Aufschluß über den sie umgebenden Kristall. Mitunter ist es beispielsweise möglich, über die Einschlüsse die Herkunft von Smaragden zu bestimmen (kolumbinaische Smaragde enthalten Einschlüsse in allen drei Aggregatzuständen: flüssig, gasförmig und fest).

## PSEUDOMORPHOSE

Unter Pseudomorphose versteht man das Auftreten eines Minerals an der Stelle eines anderen unter Beibehaltung der Kristallform.

Die pseudomorphe Substitution läßt sich in zwei Arten aufteilen: falls sich die Substanz nicht ändert, handelt es sich bei dem neuen Mineral um eine polymorphe Form des vorangegangenen. Aragonit wandelt sich beispielsweise in Calcit um, ohne seine äußere Form zu verändern. Falls das neue Mineral dagegen eine andere chemische Zusammensetzung aufweist als das vorangegangene, handelt es sich um eine pseudomorphe Form. Das Ersetzen kann auf verschiedene Art und Weise erfolgen:

- Allmähliche Substitution des Ausgangsstoffes (der kein Mineral sein muß) durch das neue Mineral, ohne daß es dabei zu chemischen Reaktionen kommt. Beispiel: Fossiliertes Holz.

- Verschwinden des Ausgangsstoffes durch Lösung oder Abspaltung, wobei die entstehende Lücke vom neuen Mineral ausgefüllt wird.

- Verschiedene Arten der Umwandlung: Hydrierung, wenn sich z. B. Anhydrit in Gips verwandelt; Dehydrierung, wenn aufgrund von Druckeinwirkung der gegenteilige Prozeß abläuft; Umwandlung von Sulfiden in Sulfate, wie beim Ersetzen von Bleiglanz durch Anglesit; Oxidation, wie bei der Umwandlung von Pyrit in Limonit.

**Abb. 28.** Peridot bildet eine isomorphe Reihe mit den Endgliedern Magnesiumsilikat (Forsterit) und Eisensilikat (Fayalit). Der abgebildete Kristall ist eine Zwischenform mit beiden Kationen (Peridot = Edelsteinvarietät von Olivin).

**Abb. 29.** Die Farbe der einzelnen Vertreter der isomorphen Granat-Reihe hängt vom dominanten Kation ab. Von links nach rechts: Grossular (Ca), Almandin (Fe) und Hessonit (Ca, Fe).

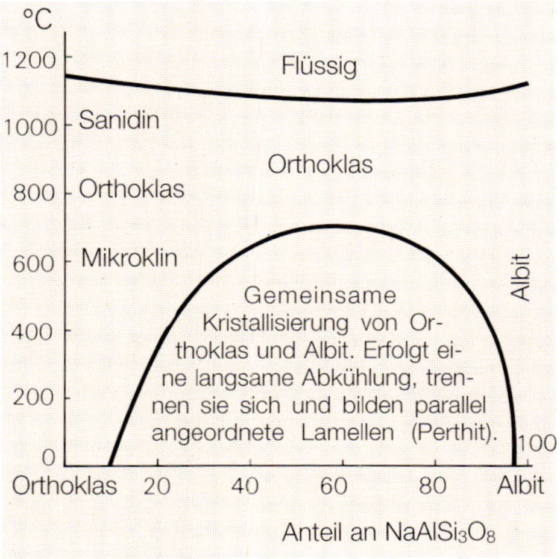


**Abb. 30.** Graphische Darstellung der Umgebungsbedingungen, die zur Bildung von Alkalifeldspat in Abhängigkeit von Druck und Temperatur führen. Diese Feldspate bilden feste Lösungen, die sich bei langsamer Abkühlung wieder entmischen.

**Abb. 31.** Quarzkristalle, die sich um Rutilnadeln herum gebildet haben (Venushaar). Dies ist eine sehr häufige Art des Einschlusses.

**Abb. 32.** Ein Mineral kann auch eine untypische Form annehmen (Pseudomorphose). Links: fossilierter Fichtenzapfen – Substitution organischer Materie durch Siliciumdioxid. Rechts: Cuprit wandelt sich durch Verwitterung in Malachit um.

# Mineralienbestimmung I

Die Bestimmung der Mineralien durch die Ermittlung ihrer chemischen Zusammensetzung und Struktur erfolgt anhand ihrer charakteristischen physikalischen und chemischen Eigenschaften. Dazu gibt es einerseits komplexe Verfahren, mit deren Hilfe sich beide Eigenschaften gleichzeitig feststellen lassen, und andererseits einfache physikalische Verfahren, durch die einzelne Mineralienarten voneinander unterschieden werden können.

**Farbe:** Die Farbe läßt keine eindeutigen Rückschlüsse auf das jeweilige Mineral zu, da bereits kleinste Verunreinigungen bei allochromatischen Mineralien für Farbänderungen sorgen können. Dennoch gibt es bei der Bezeichnung von Edelsteinen Varietäten, die sich ausschließlich durch Farbe voneinander unterscheiden: so wird roter Korund (aufgrund des Chromanteils) als Rubin bezeichnet, blauer Korund (aufgrund des Titananteils) als Saphir. Grüner Beryll (aufgrund des Chromanteils) wird als Smaragd bezeichnet.

**Strich:** (siehe S. 18) Einige Mineralien haben eine charakteristische Strichfarbe, über die sich ähnliche Arten voneinander unterscheiden lassen. Beispiel: Hämatit hat einen roten, Pyrolusit einen schwarzen und Goethit einen braun-gelben Strich. In ihrer äußeren Erscheinungsform sind sich alle drei Mineralien sehr ähnlich (Abb. 33).

**Härte:** Die Härteprüfung ist ein einfaches Verfahren, um ähnliche Mineralien voneinander zu unterscheiden. Beispiel: Kalkspat (Härte 3) und Quarz (Härte 7). Das Verfahren hat nur den Nachteil, daß ein Exemplar geritzt werden muß; daher ist es in der Edelsteinkunde nicht anwendbar.

Gelegentlich liefert der Härtevergleich mit einem leicht verfügbaren Gegenstand nützliche Ergebnisse. Einige Werte sollte man sich merken: Fingernägel besitzen in etwa den Härtegrad 2,5, Messerschneiden mindestens 5, Glas etwa 5,5 und Quarz als Leitmineral der Mohsschen Skala die Härte 7.

Bei sorgfältigem Vorgehen lassen sich fehlerhafte Meßergebnisse bei Härteprüfungen vermeiden. Es ist darauf zu achten, daß das zu ritzende Mineral tatsächlich Kratzspuren aufweist und nicht nur Abriebspuren von einem weicheren Material, die fälschlicherweise für Kratzer gehalten werden. Daher sollte man einige Male mit dem Finger über den Strich reiben, um sich zu vergewissern, daß es sich um dauerhafte Spuren handelt.

Ferner ist darauf zu achten, daß die zu prüfende Oberfäche nicht verwittert ist; daher eignet sich am besten eine frische Bruchstelle.

Der Härtegrad vieler Mineralien ist richtungsabhängig. Im allgemeinen sind diese Unterschiede aber gering und können vernachlässigt werden. Ein Extrembeispiel ist Cyanit, bei dem der Härtegrad je nach Richtung zwischen 4 und 7 schwankt.

Zu den physikalische Eigenschaften, die sich über zerstörende Prüfverfahren feststellen lassen, gehören ferner Spaltbarkeit und Bruch. Beispiel: Calcit läßt sich an den rhomboedrischen Ebenen spalten (rhomboedrische Spaltbarkeit), während Quarz keine Spaltbarkeit, sondern eine muschelige Bruchfläche zeigt.

**Spezifisches Gewicht:** Bei der Ermittlung des spezifischen Gewichts handelt es sich um ein einfaches und zerstörungsfreies Verfahren, das in der Edelsteinkunde häufig zum Einsatz kommt. Im allgemeinen nutzt man eine der beiden folgenden Methoden:

- Hydrostatische Waage: Bei diesem auf dem Archimedischen Prinzip beruhenden Verfahren benutzt man eine Präzisionsbalkenwaage. Zuerst wird das Mineral in Luft, danach in einen Wasserbehälter eingetaucht und gewogen. Aufgrund des Auftriebs ergibt sich folgende Formel:

A = Gewicht der Probe in Luft.

B = Gewicht der Probe in Wasser.

A - B = Gewicht des verdrängten Wasservolumens.

A / A -B = spezifisches Gewicht.

Für exakte Meßergebnisse muß das Wasser eine Temperatur von genau 4° C aufweisen; ist das nicht der Fall, sind bestimmte Korrekturfaktoren heranzuziehen.

- Schwereflüssigkeiten: Aufgrund ihrer einfachen Handhabung kommt diese Methode in der Edelsteinkunde ebenfalls häufig zum Einsatz. Die Probe wird dabei in eine Flüssigkeit mit einem bekannten spezifischen Gewicht getaucht. Geht sie unter, ist ihr spezifisches Gewicht größer, schwimmt sie obenauf, ist es geringer. Wenn das spezifische Gewicht identisch ist, schwebt sie in der Flüssigkeit.

Im allgemeinen bedient man sich einer der drei folgenden Flüssigkeiten: Bromoform (Spezifisches Gewicht: 2,88), Methylenjodid (Spezifisches Gewicht: 3,33) oder die Clerici-Lösung (Spezifisches Gewicht: 4,15). Wenn man diese Flüssigkeiten mit Wasser mischt, erhält man ein breites Spektrum an spezifischen Gewichten. In der Edelsteinkunde werden normalerweise Flüssigkeiten gemischt, deren spezifisches Gewicht dem der wichtigsten Edelsteine entspricht. Beispiel: Man verdünnt Clerici-Lösung bis zu einem spezifischen Gewicht von 3,52, was dem von Diamanten entspricht. Etwas stärker auf 4 konzentriert entspricht das Gewicht der Clerici-Lösung dem spezifischen Gewicht von Korund (Rubin und Saphir). Vorsicht: Schwereflüssigkeiten sind hochgiftig!

**Abb. 33.** Anhand der Strichfarbe lassen sich Mineralien mit ähnlicher äußerer Erscheinungsform voneinander unterscheiden. Von oben nach unten: Hämatit, Goethit und Pyrolusit.

**Abb. 34.** Mit dem Pyknometer läßt sich das spezifische Gewicht eines Minerals bestimmen. Dazu ermittelt man zunächst das Gewicht des Minerals (Pm) und des mit Wasser gefüllten Pyknometers (Pp). Dann ermittelt man das Gewicht des Pyknometers einschließlich der enthaltenen Mineralienprobe und dem Wasserstand im Röhrchen (PB). Das spezifische Gewicht errechnet sich nach folgender Formel:

$$\frac{Pm}{Pp + Pm + PB}$$

**Abb. 35.** Ähnliche Edelsteine (bzw. echte Edelsteine und Imitationen) lassen sich oft anhand ihres Verhaltens in einer Schwereflüssigkeit voneinander unterscheiden. Das Bild zeigt ein Reagenzglas mit Bromoform: der Opal schwimmt obenauf, der Topas ist auf den Boden abgesunken.

# Mineralienbestimmung II

**Optische Verfahren:** Im Labor lassen sich die optischen Eigenschaften von Mineralien untersuchen, die wichtige Hinweise für deren Bestimmung liefern. Da diese Verfahren leicht durchzuführen und zerstörungsfrei sind, kommen sie insbesondere in der Edelsteinkunde zum Einsatz.

- Ermittlung des Brechungsindex: Der Brechungsindex wird mit Hilfe eines Polarisationsmikroskops oder eines Refraktometers ermittelt.

Um das Mikroskop einsetzen zu können, ist zuerst ein sogenannter Dünnschliff eines Minerals herzustellen. Deshalb verwendet man bei Kristallen oder geschliffenen Edelsteinen das Refraktometer, das eine zerstörungsfreie Prüfung der Probe erlaubt.

Das Gerät besteht aus einer Halbkugel aus Bleiglas mit einem hohen Brechungsindex, auf deren ebene Oberfläche der Kristall aufgebracht wird (um die Kontaktfläche zu erhöhen, verwendet man ein Öl mit einem ähnlichen Brechungsindex wie dem des Glases der Halbkugel). Wenn man nun mittels einer Natriumlampe einen monochromatischen Lichtstrahl mit einem bekannten Einfallswinkel durch die Halbkugel schickt, erfolgt beim Auftreffen des Lichts auf die Mineraloberfläche eine absolute Brechung (da der Brechungsindex der Halbkugel sehr hoch ist und der Einfallswinkel entsprechend gewählt wird). Mißt man den Winkel, in dem das Licht aus der Kugel austritt, erhält man den Brechungsindex. Wenn es sich um ein isotropes Mineral handelt, bleibt der Wert auch nach Drehung der Probe gleich. Handelt es sich um einen doppeltbrechenden Kristall, ergeben sich bei Drehung unterschiedliche Werte. Die Brechnungsindizes sind dann jeweils der Maximal- und der Minimalwert.

- Absorptionsspektrum: Beim Durchgang durch ein Glasprisma wird weißes Licht in die sieben Regenbogenfarben zerlegt. Ist das Licht allerdings zuvor durch ein Mineral gegangen, zeigen sich im Spektrum sogenannte schwarze Absorptionslinien. Diese Tatsache beruht auf der Eigenschaft einiger chemischer Elemente, bestimmte charakteristische Wellenlängen im Spektrum zu absorbieren.

Die sogenannte Spektralanalyse ist in der Edelsteinkunde üblich und wird mit einem sogenannten Spektroskop durchgeführt, das aus einer Lichtquelle, einem optischen Prisma und einem Okular besteht.

Bei einem weiteren einfachen optischen Experiment nutzt man Farb- und Polarisationsfilter, um isotrope Stoffe (amorphe Stoffe und Vertreter des kubischen Systems) von anisotropen Stoffen (Vertreter aller anderen Systeme) zu unterscheiden.

- Polarisationsmikroskop: Beim Polarisationsmikroskop handelt es sich um ein optisches Mikroskop, das zum Zwecke der Untersuchung der optischen Eigenschaften von Mineralien entsprechend modifizeirt wurde (Abb. 36 und 37).

Das Beleuchtungssystem ist mit einer Linse ausgestattet, die die Bestrahlung der Probe mit orthoskopem (parallele Strahlen) oder konoskopem (divergierende Strahlen) Licht ermöglicht. Zwischen dem Beleuchtungssystem und dem Objektträger mit der Probe ist ein Polarisator angeordnet (Filter, der Licht in nur einer Schwingungsrichtung durchläßt). Dem Okular nachgeschaltet ist ein weiterer Polfilter (Analysator), der nur Licht in der dazu senkrechten Schwingungsrichtung durchläßt. Falls es sich bei der Probe auf dem Objektträger um ein isotropes (kubisches System) oder amorphes Mineral handelt, durchdringt das Licht aus dem Polarisator die Probe ohne Ablenkung und wird im Analysator ausgefiltert - das Material bleibt dunkel.

Das Polarisationsmikroskop wird zur Untersuchung gesteinsbildender Mineralien verwendet. Dazu fertigt man einen Dünnschliff mit einer Dicke von etwa 20 Mikrometer an. Unter diesen Verhältnissen werden opake Mineralien lichtdurchlässig.

Folgende Eigenschaften lassen sich mit dem Polarisator ermitteln: Farbe und Pleochromismus, Form, Habitus, Spaltbarkeit und der Brechungsindex. Bei Einsatz eines zusätzlichen Analysators ist zudem eine Unterscheidung zwischen isotropen und anisotropen Stoffen, Zwillingskristallen, optischen Zeichen und Doppelbrechung möglich.

Bei der Untersuchung von Kristallen verwendet man das Mikroskop in der Regel nicht, da dies die Zerstörung der Probe voraussetzen würde. Stattdessen arbeitet man mit einer Binokularlupe, die das von der Probe reflektierte Licht auffängt.

**Chemische Verfahren:** Diese Verfahren werden bei industriellen Prozessen angewendet. Bei der Bestimmung von Mineralien oder der Untersuchung von Kristallen spielen sie praktisch keine Rolle, weil dabei die Probe zerstört wird.

Über die sogenannten Trockenverfahren lassen sich Schmelzbarkeit, Flüchtigkeit und die Farbe der Flamme ermitteln, die vom vorherrschenden Kation abhängig ist: bei Kupfer grün, bei Kalium violett, bei Natrium gelb usw.

Beim Naßverfahren handelt es sich um eine quantitative Analyse. Das Mineral wird in einem sauren Medium gelöst und mit Reagenzien behandelt, um die Zusammensetzung der Probe zu ermitteln. Dabei ist darauf zu achten, daß es verschiedene Mineralien mit der gleichen chemischen Zusammensetzung gibt.

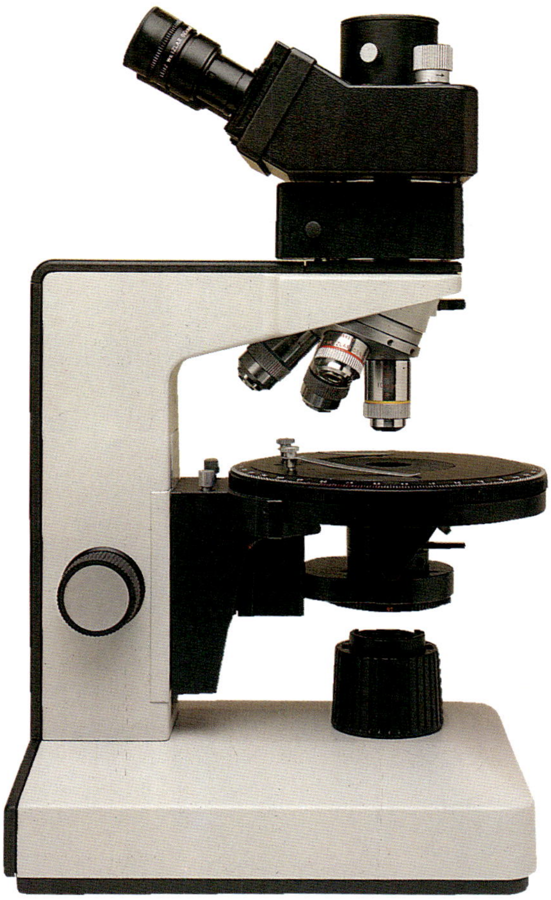

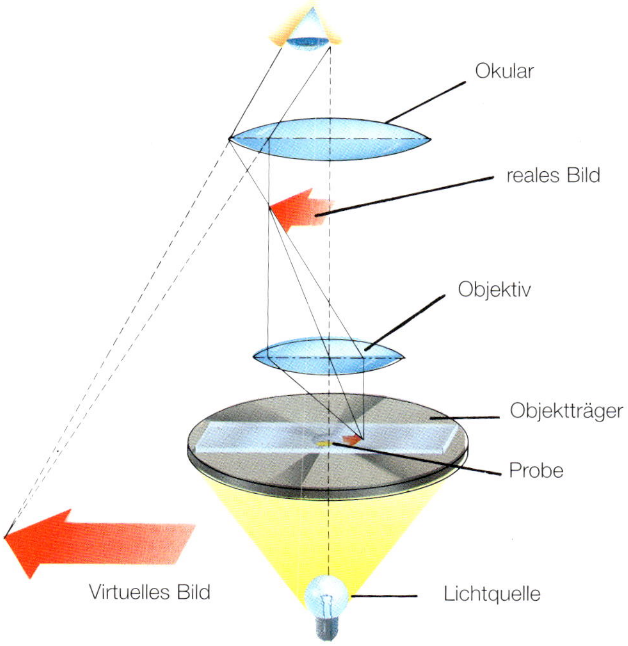


**Abb. 36.** Links: Polarisationsmikroskop. Rechts: Schematische Darstellung des Strahlengangs in einem Polarisationsmikroskop.

**Abb. 37.** Optische Aufbereitung mit dem Polarisationsmikroskop - Polarisator und Analysator sind eingeschoben. Die vorbereiteten Proben dürfen nur wenige Mikrometer dick sein, damit sie das von unten kommende Licht durchlassen.

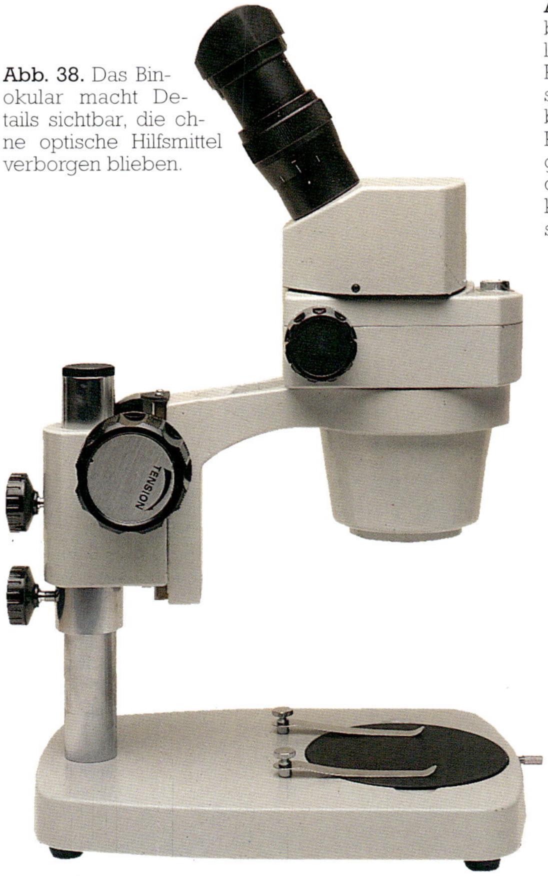


**Abb. 38.** Das Binokular macht Details sichtbar, die ohne optische Hilfsmittel verborgen blieben.

**Abb. 39.** Blendenkristall unter dem Binokular. Die Probe reflektiert das Licht. Daher ist bei Kristallen keine spezielle Aufbereitung erforderlich.

# Mineralienbestimmung III

**Komplexe Verfahren:** Zur präzisen Ermittlung von Struktur und Zusammensetzung der Mineralien gibt es weitere, komplexe Verfahren.

- Thermoanalyse: Bei dieser Methode wird eine kleine Mineralienmenge unter Beobachtung der dabei auftretenden thermochemischen Reaktionen erwärmt: dazu gehören Wärmeabgabe (exotherme Reaktion), Wärmeaufnahme (endotherme Reaktion), Verlust gebundener Wassermoleküle usw. Die jeweiligen Reaktionen werden mit einem Thermoelement gemessen und in Form einer für jedes Mineral charakteristischen Kurve dargestellt. Die Ausschläge zeigen die jeweiligen Änderungen an. Die Thermoanalyse wird häufig bei der Untersuchung von Tonmineralien verwendet, die sich anhand der anderen Verfahren nur schwer bestimmen lassen.

- Brechung von Röntgenstrahlen Die Röntgenstrahlung wurde im Jahre 1895 von Wilhelm Röntgen (1845 - 1923) entdeckt. Bei näherer Untersuchung der Strahlung stellte er die Hypothese auf, daß es sich dabei um elektromagnetische Wellen mit extrem geringer Wellenlänge handeln mußte. Um das zu beweisen, suchte er nach einer Möglichkeit, die Strahlen zu beugen. Im Jahre 1912 führte Max von Laue entsprechende Experimente mit Kalkspat durch. Dabei ging er davon aus, daß die Gitterstruktur dieses Kristalls eng genug sei, um eine Beugung der Röntgenstrahlen herbeizuführen. Das Experiment war nicht nur in dieser Hinsicht erfolgreich, sondern brachte auch die innere Struktur der Mineralien ans Licht.

Friedrich und Knipping setzten die Röntgenuntersuchung von Mineralien fort. Sie bestrahlten Kristalle in Richtung ihrer Kristallachsen mit Röngtenstrahlen und erhielten auf einer dahinterliegenden photoempfindlichen Platte verschiedene Punkte, die mit den Symmetrieebenen des Kristalls übereinstimmten.

William Henry Bragg (1862 - 1942) und sein Sohn William Lawrence (1890 - 1971), englische Physiker, bewiesen, daß eine einfache Beziehung zwischen dem Einfallswinkel, der Wellenlänge der Röntgenstrahlung und dem Gitterabstand der Kristalle besteht. Diese Beziehung drückten sie in folgender Gleichung aus (Braggsche Gleichung):
$2d \cdot \sin 0 = n\lambda$

d entspricht dabei dem Gitterabstand (dem Einfallswinkel der Röntgenstrahlen auf das Kristall); n entspricht einer ganzen Zahl, über die ausgedrückt wird, an welcher Gitterebene die Beugung erfolgt, und $\lambda$ entspricht der Wellenlänge des Röntgenlichts.

Ausgehend von der Braggschen Gleichung wurden zahlreiche Kameras entwickelt, um Kristalle mittels der Beugung von Röntgenstrahlung näher zu untersuchen. Mit dieser Methode lassen sich die Abmessungen der Elementarzelle und die allgemeinen Merkmale des Gitters ausrechnen. Der Kristall wird dabei in der Kamera stets entlang seiner Achsen ausgerichtet.

Mineralien, die nur selten Kristalle ausbilden, sind weit schwerer zu bestimmen. In solchen Fällen zerstößt man die Probe und führt einen sogenannten »Kristallpulverversuch« durch (Abb. 42). Dabei wird eine Probe in eine Kamera gelegt und mit einem Röntgenlichtbündel bestrahlt, das an den verschiedenen Partikeln gebeugt wird. Das Ergebnis wird auf einer Photoplatte festgehalten oder, in elektrische Impulse umgesetzt, über einen Kurvenschreiber in Form eines Diagramms ausgegeben. Dieses Diagramm kann dann mit der jeweiligen ASTM-Karteikarte für jedes Mineral verglichen werden.

Über dieses Verfahren läßt sich jedes Mineral, seine Struktur und die chemische Summenformel bestimmen.

Die Röntgenstrahlenbeugung ist die am häufigsten angewendete Methode zur Bestimmung von Mineralien und ihrer Struktur.

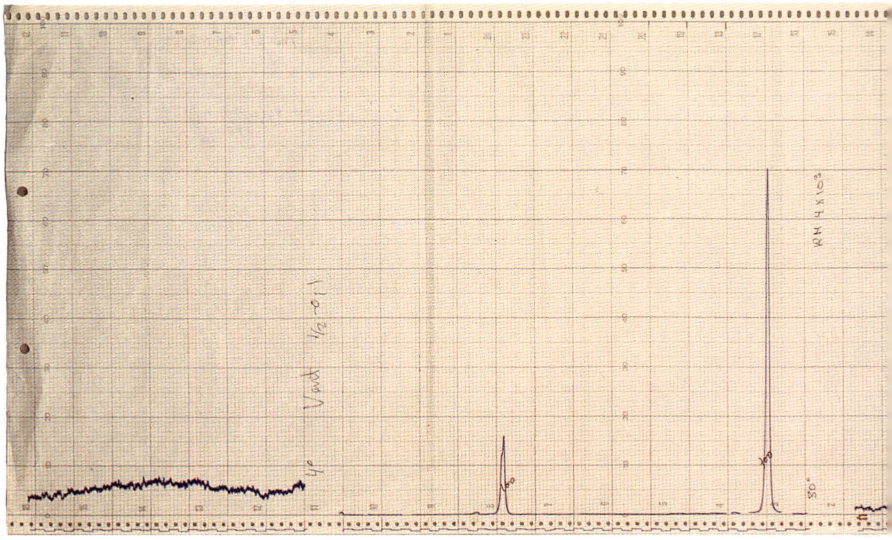

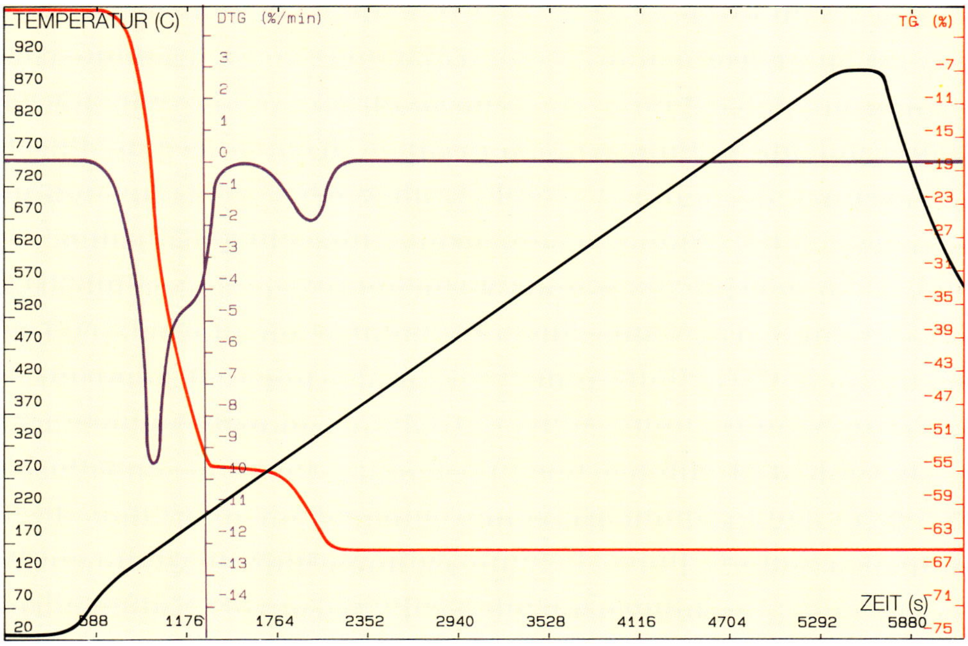


**Abb. 40.** Unter Thermometrie versteht man ein Verfahren zur quantitativen Ermittlung des Gewichtsverlusts einer Probe bei einer kontrollierten Erwärmung. Auf dem Diagramm lassen sich bei Epsomit (rote Linie) drei Gewichtsabnahmen feststellen, die auf den Verlust von drei Wassermolekülen mit unterschiedlichen Bindungsenergien zurückzuführen sind.

| d | 2.82 | 1.99 | 1.63 | 3.258 | NaCl |
|---|---|---|---|---|---|
| I/I₁ | 100 | 55 | 15 | 13 | Sodium Chloride (Halite) |

Rad. CuKα λ 1.5405 Filter Ni
Dia. Cut off Coll.
I/I₁ G. C. Diffractometer d corr. abs.?
Ref. Swanson and Fuyat, NBS Circular 539, Vol. II, 41 (1953)

Sys. Cubic S.G. $O_H^5$ - Fm3m
a₀ 5.6402 b₀ c₀ A C
α β γ Z 4
Ref. Ibid.

εα nωβ 1.542ε γ Sign
2V $D_x$2.164 mp Color Colorless
Ref. Ibid.

An ACS reagent grade sample recrystallized twice from hydrochloric acid.
X-ray pattern at 26°C.

Replaces 1-0993, 1-0994, 2-0818

| d Å | I/I₁ | hkl | d Å | I/I₁ | hkl |
|---|---|---|---|---|---|
| 3.258 | 13 | 111 | | | |
| 2.821 | 100 | 200 | | | |
| 1.994 | 55 | 220 | | | |
| 1.701 | 2 | 311 | | | |
| 1.628 | 15 | 222 | | | |
| 1.410 | 6 | 400 | | | |
| 1.294 | 1 | 331 | | | |
| 1.261 | 11 | 420 | | | |
| 1.1515 | 7 | 422 | | | |
| 1.0855 | 1 | 511 | | | |
| 0.9969 | 2 | 440 | | | |
| .9533 | 1 | 531 | | | |
| .9401 | 3 | 600 | | | |
| .8917 | 4 | 620 | | | |
| .8601 | 1 | 533 | | | |
| .8503 | 3 | 622 | | | |
| .8141 | 2 | 444 | | | |

**Abb. 41.** ASTM-Karteikarte des Halit. Das Mineral läßt sich bestimmen, indem man die mittels Difraktometrie von Röntgenstrahlung gewonnenen Werte mit der jeweiligen ASTM-Karteikarte vergleicht.

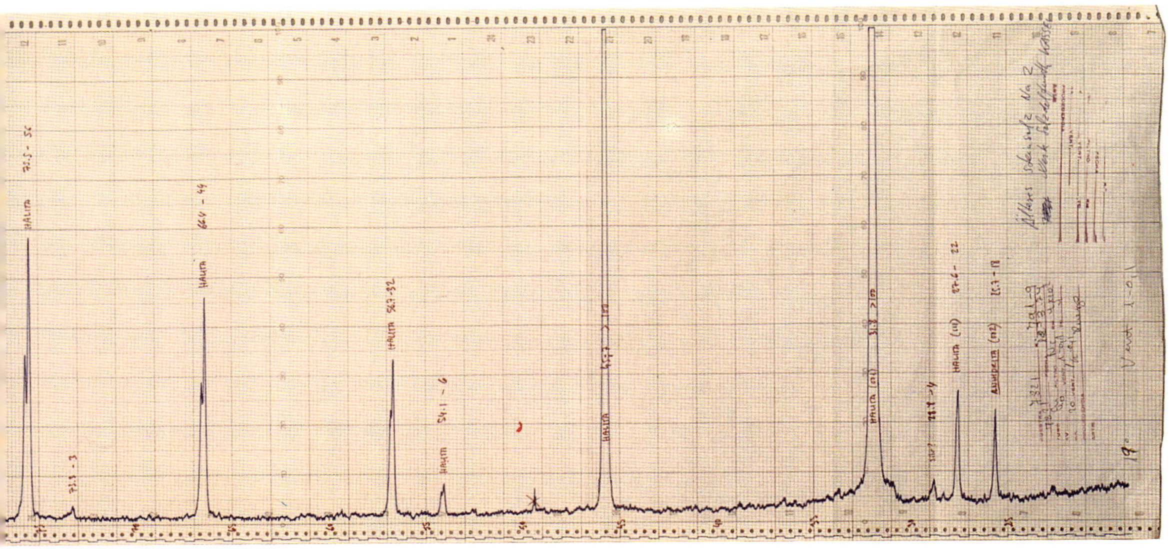

**Abb. 42.** Difraktometriediagramm für Röntgenstrahlung einer Probe, die Halit und Anhydrit enthält.

# Entstehungsgeschichte und Klassen

Als Lagerstätten bezeichnet man natürliche Anhäufungen von Mineralien, die einen wirtschaftlichen Abbau rechtfertigen.

Die Lagerstättenkunde ist ein komplizierter Teilbereich der Geologie: jede Lagerstätte hat eine eigene Entstehungsgeschichte und weist charakteristische Züge auf. Dennoch lassen sich drei große Gruppen unterscheiden: magmatische, meteorische oder sedimentäre Lagerstätten.

## MAGMATISCHE LAGERSTÄTTEN

Man unterscheidet folgende Arten:

- Magmatische Konzentration
- Sublimation
- Kontaktmetasomatose
- Pneumatolytische und hydrothermale Lagerstätten.

**Magmatische Konzentration:** Diese Lagerstätten entstehen durch die Anreicherung bestimmter Bestandteile des Magmas. Platin findet sich beispielsweise nur in derartigen Lagerstätten.

Nicht allen Lagerstätten mit magmatischer Konzentration liegt der gleiche Bildungsprozeß zugrunde. In der Regel unterscheiden sie sich in dem Moment der Kristallisation des Magmaanteils, der das jeweilige Mineral enthält. So gibt es frühe und späte Arten, die wiederum in verschiedene Klassen unterteilt werden. Beispiele: Frühkristallisation: Chromit; Spätkristallisation: Cassiterit.

**Sublimation:** Unter diesem physikalischen Prozeß versteht man den direkten Übergang vom gasförmigen in den festen Aggregatzustand (normalerweise bezieht sich die Sublimation auch auf den entgegengesetzten Vorgang). Dabei bilden sich Mineralvorkommen, die nur geringe Bedeutung haben.

Es ist nachzuvollziehen, daß die Sublimation bei der Mineralentstehung mit vulkanischen Prozessen in Zusammenhang steht. Viele Stoffe, die sich auf diese Art angereichert haben, sind jedoch wirtschaftlich ohne Bedeutung; eine Ausnahme ist Schwefel.

**Kontaktmetasomatose:** Wenn glutflüssige Magma in kaltes Gestein eindringt, werden Struktur und mineralische Zusammensetzung des Gesteins teilweise erheblich verändert. Erfolgt diese Umwandlung aufgrund von Reaktionen zwischen den Bestandteilen des Gesteins, ohne daß es zur Einlagerung neuer Substanzen kommt, bezeichnet man diesen Prozeß als Kontaktmetamorphose. Wenn sich beim Eindringen des flüssigen Magmas die allgemeine Zusammensetzung des Gesteins ändert, bezeichnet man diesen Prozeß als Kontaktmetasomatose. Dabei können bei entsprechender chemischer Zusammensetzung der Lava wirtschaftlich interessante Mineralien wie Wolframit, Chalkopyrit und Pyrit entstehen.

**Pneumatolytische und hydrothermale Lagerstätten:** Diese Lagerstätten entstehen durch Ablagerung gasförmiger (pneumatolytisch) oder flüssiger Bestandteile (hydrothermal) des Magmas bei der Abkühlung. Beide Formen entsprechen der letzten Erstarrungsphase der Lava.

## METEORISCHE LAGERSTÄTTEN

Das wichtigste Mineral, das man in diesen Lagerstätten findet, ist Bauxit – das einzige wirtschaftlich bedeutende Aluminiumerz.

Unter tropischen Klimaverhältnissen kann sich Siliziumdioxid aufgrund des pH-Werts des Wassers lösen. Bei der Verwitterung stark eisen- und aluminiumhaltigen Silikatgesteins können sich diese beiden Bestandteile daher im Boden anreichern. Das Ablagerungsprodukt wird als Laterit bezeichnet. Bei einem hohen Aluminiumanteil spricht man von Bauxit, auch wenn Bauxit kein Mineral im engeren Sinne ist, sondern aus einem Gemenge der drei Mineralien Diaspor, Hydrargillit und Alumogel besteht.

Bauxitvorkommen bilden sich auch im Rahmen von Verkarstungsprozessen aluminiumhaltigen Kalksteins.

## SEDIMENTÄRE LAGERSTÄTTEN

Sedimentäre Lagerstätten entstehen durch Ablagerung transportierter Verwitterungs- oder Abtragungsprodukte von Primärmineralien. Vielfach erfahren sie eine chemische Umwandlung, z. B. durch Reaktion mit der Atmosphäre. Teilweise waren sie auch am Aufbau des Skeletts verschiedener lebender Organismen beteiligt (z.B. Kieselgur/Diatomeenerde).

Die Sedimentierung kann in verschiedenen Bereichen erfolgen: im Meer, auf dem Festland (Sumpf- und Moorgebiete, salzhaltiges Marschland, Flüsse) usw.

Zu den bekanntesten sedimentären Ablagerungen auf dem Festland gehören die Seifen. Dabei handelt es sich um Anreicherungen äußerst dichter und widerstandfähiger Mineralien. Aufgrund ihres Gewichtes werden Seifen vor allem in Flußbereichen dort abgelagert, wo die Fließgeschwindigkeit des Wassers zum Weitertransport nicht mehr ausreicht.

Die Morphologie dieser Lagerstätten ist unterschiedlich: sie können sich an der Erdoberfläche oder unter einer dicken Schicht aus Sedimentgestein befinden. Zu den Mineralien, die als Seifen abgebaut werden, gehören Gold, Platin, Rutil und Zirkon.

**Evaporitische Lagerstätten:** Im allgemeinen unterscheidet man die evaporitischen von den sedimentären Lagerstätten als eigene Gruppe. Die kristallinen Substanzen wurden stets in gelöster Form aus anderen Gegenden herangeführt.

Evaporitische Lagerstätten entwickeln sich ausschließlich in abgeschnürten Meeresbecken unter trockenen Klima-Bedingungen, wo die Verdunstung den Zustrom von Wasser übersteigt. In einem solchen Fall nimmt der Salzgehalt des Meeres ständig zu, bis schließlich der Sättigungsgrad erreicht ist und die Abscheidung einsetzt. Zu den Evaporiten gehören Halit, Sylvin, Carnallit und Gips.

**Abb. 43.** Eingang zum hydrothermalen Fluoritbergwerk »Mina Berta« in S. Cugat, Barcelona. Rechts: Darstellung der mineralogische Situation auf einer geologischen Karte.

**Abb. 44.** Meteorische Bauxitlagerstätte in Les Baux (Südfrankreich). Links: geologischer Schnitt.

**Abb. 45.** Salzdiapir in Cardona, Barcelona. Erläuterung anhand eines geologischen Schnitts.

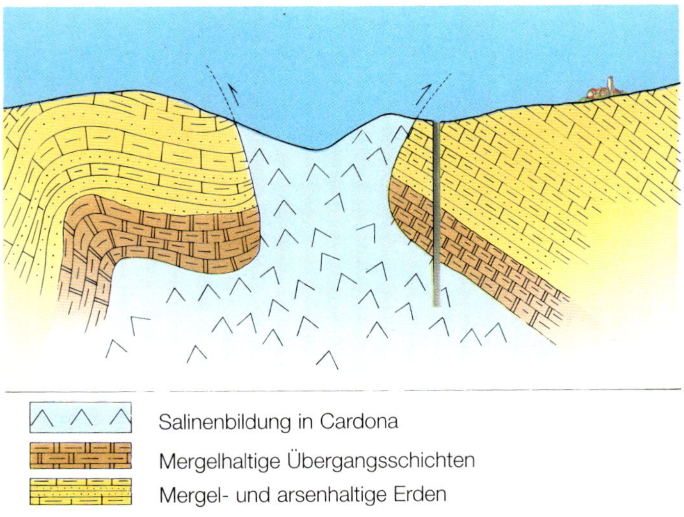

# Einteilung der Mineralien. Gediegene Elemente I

Mineralien lassen sich nicht nach den gleichen entwicklungsgeschichtlichen Kriterien wie Lebewesen einteilen, da zwischen ihnen anders geartete Verwandtschaftsverhältnisse bestehen. Daher wurden im Laufe der Geschichte der Mineralogie etliche Versuche unternommen, ein einheitliches Klassifizierungsschema zu entwickeln. So schlug man beispielsweise vor, die Mineralien gemäß der jeweiligen Lagerstätten einzuteilen, in denen sie sich gebildet haben. Doch dieser Ansatz stand im Widerspruch zu der Tatsache, daß sich ein Mineral einerseits durch ganz unterschiedliche Prozesse bilden kann, und andererseits, daß der gleiche Bildungsprozeß Mineralien mit höchst unterschiedlicher chemischer Zusammensetzung oder Struktur hervorbringen kann.

Der erste Versuch einer Einteilung nach chemischen Gesichtspunkten geht auf Abraham Gottlob Werner (1749 - 1817) zurück, der im ausgehenden 18. Jahrhundert mehr als 300 Mineralienarten in die folgenden vier Gruppen einteilte: Erden, Salze, Brennstoffe und Metalle. Die erste Gruppe umfaßt die mineralischen Bestandteile der Gesteine, die zweite Lösungen, die dritte brennbare Stoffe und die vierte die Metalle.

Etwa hundert Jahre später wurde diese Einteilung von Dufrenoy verfeinert. Er unterschied sechs Gruppen: einfache Körper, Alkalimineralien, alkalische Erden und Erden, Metalle, Silikate und Brennstoffe organischen Ursprungs.

Im Rahmen der heute gültigen Systematik werden die einzelnen Mineralien nach ihrer chemischen Beschaffenheit und Struktur unterschieden. Die Bezeichnung richtet sich nach dem Anion bzw. der anionischen Molekülgruppe. Man unterscheidet folgende Klassen:

- Elemente
- Sulfide
- Oxide und Hydroxide
- Halogenide
- Karbonate, Nitrate und Borate
- Sulfate und Chromate
- Wolframate und Molybdate
- Phosphate, Arsenate und Vanadate
- Silikate

## ELEMENTE

In diese Klasse fallen alle Mineralien, die sich in ihrer chemischen Zusammensetzung nicht von den chemischen Elementen unterscheiden. Die Elemente in Reinform stellen weniger als 0,1 Prozent der Masse der Erdkruste dar. Der größte Teil ist dabei in den Gasen der Atmosphäre enthalten.

Um auszukristallisieren und ein Mineral zu bilden, darf bei einem Element nur wenig Neigung bestehen, sich mit anderen Elementen zu verbinden. Stattdessen muß es selbst stabile Strukturen ausbilden. Aluminium beispielsweise ist ein relativ häufiges Element der Erdkruste, kommt aber nie in gediegener Form vor, da es sich sofort mit anderen Elementen verbindet.

Es gibt etwa zwanzig Elemente, die als Mineralien vorkommen. Wenn man alle polymorphen und isomorphen Formen hinzuzählt, kommt man auf mehr als 50. Die meisten sind jedoch nur sehr selten.

Metalle werden entsprechend ihrer Struktur in die folgenden Gruppen eingeteilt: die Goldgruppe mit Gold, Silber, Kupfer und Blei; die Platingruppe mit Platin, Iridium und Osmium sowie die Eisengruppe mit Eisen und Eisen-Nickel. In gediegener Form kommen gelegentlich auch Tantal, Zinn, Zink und Quecksilber vor.

Die Halbmetalle unterscheidet man in zwei Gruppen: die Arsengruppe mit Arsen, Antimon und Wismut und die Selengruppe mit Selen und Tellur.

Zu den Nichtmetallen gehören Schwefel und Kohlenstoff mit jeweils zwei polymorphen Formen.

## GOLD

**Etymologie:** lat. *aurum;* mittelhochdeutsch (mhd.) *golt,* das *Gelbliche*
**Chemisches Zeichen:** Au
**Kristallsystem:** kubisch
**Aussehen:** baumartige, fadenförmige oder dendritische Aggregate, auch Körner (sog. »Nuggets« ) oder Blättchen.
**Eigenschaften:** Farbe: gelb (golden). Strich: gelb glänzend. Glanz: metallisch. Bruch: splittrig. Spaltbarkeit: keine. Härte: 2,5. Spezifisches Gewicht: 19,3. Aufgrund eines ähnlichen Atomradius ist Silber in der Lage, die Goldatome im Rahmen einer isomorphen Substitution in jedem beliebigen Verhältnis zu ersetzen. Je höher der Silberanteil, umso geringer das spezifische Gewicht und die Farbintensität.
**Entstehung und Vorkommen:** Das seltene Element wird normalerweise in hydrothermalen Gängen verbunden mit saurem Eruptivgestein (hoher Kieselsäuregehalt) gebildet. Aufgrund von Erosionsvorgängen kann Gold auch in Flußsande gelangen (Seifen). Das größte Goldvorkommen der Welt befindet sich in Johannesburg, Südafrika.
**Verwendung:** Gold wird in der Schmuckwarenindustrie, der Medizin und bei der Herstellung von Geld verwendet. Es ist die Grundlage aller Währungen.

## SILBER

**Etymologie:** lat. *argentum*; gotisch *silubr*
**Chemisches Zeichen:** Ag
Kristallsystem: kubisch
**Aussehen:** verzweigte, fadenförmige oder dendritische Aggregate, auch unregelmäßige Klumpen.
**Eigenschaften:** Farbe und Strich: silbrig weiß, bei Oxidation Schwarzfärbung. Glanz: metallisch. Bruch: splittrig. Spaltbarkeit: keine. Härte: 2,5-3. Spezifisches Gewicht: 10-11, je nach Gold- bzw. Kupfergehalt.
**Entstehung und Vorkommen:** Silber ist wesentlich häufiger als Gold. Man findet es häufig in Paragenese mit Schwefelverbindungen oder in den Oxidationszonen anderer Erzlagerstätten. Die wichtigste Silbermine der Welt befindet sich in Broken Hill (Australien). Die Gewinnung gediegenen Silbers spielt gemessen an der Weltproduktion nur eine untergeordnete Rolle.
**Verwendung:** Silber wird in der Schmuckwarenindustrie, in der chemischen und photochemischen Industrie benötigt. Zu einem geringeren Teil wird Silber auch zur Herstellung von Geld verwendet.

**Abb. 46.** Goldnugget (4 mm); Kalifornien (USA).

**Abb. 47.** Goldplättchen auf Quarz (2 cm); Yukon (Alaska).

**Abb. 48.** Gediegenes Silber (7 cm); Chihuahua (Mexiko).

**Abb. 49.** Gold und Silber waren schon immer geschätzte Metalle. Daher kamen sie auch bei der Herstellung von Geld zum Einsatz.

# Einteilung der Mineralien. Gediegene Elemente II

## KUPFER

**Etymologie:** lat. *cuprum*. Der Begriff geht auf griech. *Kypros* zurück, die Bezeichnung für die Insel Zypern, wo sich große Kupfervorkommen befinden.
**Chemisches Zeichen:** Cu. Gediegenes Kupfer enthält gewöhnlich kleinere Beimengungen von Silber, Wismut, Arsen und Antimon.
**Kristallsystem:** kubisch.
**Aussehen:** Nur selten regelmäßige Kristalle; meist dichte Massen und Platten.
**Eigenschaften:** Farbe: frische Bruchstellen erscheinen rot, ansonsten hängt die Farbe stark vom Verwitterungsgrad ab. Strich: kupferrot. Glanz: metallisch. Bruch: hakig. Spaltbarkeit: keine. Härte: 2,5 - 3. Spezifisches Gewicht: 8,95.
**Entstehung und Vorkommen:** Das Mineral kommt zusammen mit Malachit, Azurit und Cuprit in den Oxidationszonen von Erzlagerstätten vor. Die bedeutendsten Vorkommen von gediegenem Kupfer befinden sich im US-Bundesstaat Michigan. Verwendung: Kupfer wird hauptsächlich zur Herstellung elektrischer Kabel verwendet, kommt aber auch bei zahlreichen Legierungen wie Messing (Kupfer mit Zink) und Bronze (Kupfer mit Zinn) zum Einsatz.

## SCHWEFEL

**Etymologie:** lat. *sulphur* ; althochdeutsch (ahd.) *sweual*.
**Chemisches Zeichen:** S.
**Kristallsystem:** rhombisch. Oberhalb von 95,5 ° C kommt Schwefel auch in zwei seltenen monoklinen polymorphen Modifikationen vor.
**Aussehen:** im allgemeinen bipyramidale und tafelige Kristalle. Mitunter auch dichte Massen.
**Eigenschaften:** Farbe: gelb, bei Verunreinigungen bräunlich bis grau. Strich: weiß. Glanz: harzig bis fettig. Bruch: muschelig oder uneben. Spaltbarkeit: keine. Härte: 1,5 - 2,5. Spezifisches Gewicht: 2.
**Entstehung und Vorkommen:** Die bedeutendsten Vorkommen sind vulkanischen Ursprungs, bei denen sich das Mineral als Sublimat niedergeschlagen hat. Es findet sich aber auch als Verwitterungsprodukt von Sulfiden und bildet sich durch Reduktion von Sulfaten. Die bedeutendsten Vorkommen befinden sich auf Sizilien (Italien) und in den USA (Texas, Lousiana).
**Verwendung:** Schwefel ist ein Bestandteil des Schießpulvers und kommt daneben bei der Herstellung von Insektiziden, Medikamenten und Schwefelsäure sowie in der Papier- und Gummiindustrie usw. zum Einsatz.

## GRAPHIT

**Etymologie:** griech. *graphein* = schreiben.
**Chemisches Zeichen:** C.
**Kristallsystem:** hexagonal.
**Aussehen:** Kristalle selten. Meist blättrige oder schuppige Massen (Abb. 25).
**Eigenschaften:** Bei Graphit handelt es sich um die sehr stabile Niedrigtemperaturmodifikation von Kohlenstoff. Farbe: schwarz bis grau. Strich: grau glänzend. Glanz: metallisch bis erdig. Spaltbarkeit: vollkommen. Härte: 1. Spezifisches Gewicht: 2,2.
**Entstehung und Vorkommen:** Das Mineral wird im Rahmen metamorpher Prozesse (Gesteinsumwandlung ohne Änderung des Aggregatszustands bei Druck und/oder Temperaturerhöhung) gebildet. Die bedeutendsten Vorkommen befinden sich auf Sri Lanka (früher Ceylon).
**Verwendung:** Graphit wird mit Öl vermischt als Schmiermittel verwendet und dient zur Herstellung von Schmelztiegeln im Gießereiwesen sowie von Bleistiften, Farben usw. Graphit kommt zudem als Moderator in Kernkraftwerken zum Einsatz.

## DIAMANT

**Etymologie:** griech. *adamantos* = unbezwingbar, hart.
**Chemisches Zeichen:** C.
**Kristallsystem:** kubisch.
**Aussehen:** Grundsätzlich Ausbildung von Kristallen; gelegentlich gekrümmte und geriefte Kristallflächen (S. 25). Meist oktaedrischer, weniger häufig dodekaedrischer Habitus. Kubischer und tetraedrischer Habitus selten. Gelegentlich Verzwillingung, meist als Spinellzwillinge (S. 15).
**Eigenschaften:** Farbe: breites Farbspektrum: farblos, blau, gelb, braun, rot usw. Strich: weiß. Glanz: an polierten Flächen diamanten. Bruch: muschelig. Spaltbarkeit: vollkommen nach dem Oktaeder (wird beim Schleifen ausgenutzt). Härte: 10, die härteste bekannte Substanz. Allerdings sehr spröde, deshalb empfindlich gegen Schlag und rasche Temperaturänderung. Spezifisches Gewicht: 3,5. Der große Brechungsindex ist die Ursache für das charakteristische Farbspiel des Diamanten.
**Entstehung und Vorkommen:** Diamanten bilden sich in großer Tiefe und bei hohen Temperaturen und Drücken. An der Oberfläche treten sie als primäre Lagerstätte z. B. in vulkanischen Gesteinen wie dem Kimberlit auf, einem sehr basischen (kieselsäurearmen) Gestein in Südafrika. Man findet sie durch die Auswaschung aus diamanthaltigen Gesteinen auch in Sanden und Geröllen (sekundäre Lagerstätte). Die bedeutendsten Vorkommen befinden sich in der Republik Südafrika und in Sibirien.

**Verwendung:** Aufgrund ihrer Eigenschaften und ihrer Seltenheit gehören Diamanten weltweit zu den geschätztesten Mineralien. In der Industrie werden sie aufgrund ihrer unübertroffenen Härte zum Schneiden und Polieren verwendet. Bei Grabungen und im Bergbau sind sie in Bohrmeißeln unverzichtbar. Seit der Antike gelten sie als die begehrtesten Schmucksteine. Der Wert eines Diamanten hängt ab von seiner Farbe (am wertvollsten sind farblose oder leicht bläuliche Diamanten), seiner Größe (das Gewicht wird in Karat angegeben, 1 Karat entspricht 0,26 Gramm), den enthaltenen Verunreinigungen und dem Schliff (am wertvollsten ist der Brillantschliff, Abb. 53).

Der größte bislang gefundene Diamanten ist der »Cullinan« (Südafrika), der vor dem Schleifen 3106 Karat (621,2 Gramm) wog. Beim Schleifen wurde er in 105 Einzelstücke gespalten, von denen zwei (530,2 bzw. 317,4 Karat) immer noch zu den größten Diamanten der Welt gehören. Es folgen der »Excelsior« (Südafrika) mit 971,75 Karat; der »Stern von Sierra Leone« (Sierra Leone), der »Großmogul« (Indien) mit 787,5 Karat; der »Präsident Vargas« (Brasilien) mit 770 Karat usw.

**Abb. 50.** Gediegenes Kupfer (6 cm); Ajo, Arizona (USA).

**Abb. 51.** Schwefel mit Kohlenwasserstoffimprägnationen (Hauptkristall 5 cm); Sizilien (Italien).

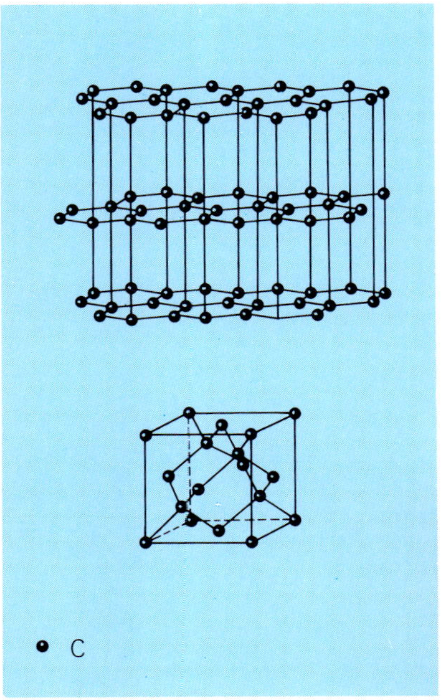


**Abb. 52.** Je nach den herrschenden Umgebungsbedingungen kristallisiert Kohlenstoff im hexagonalen System zu Graphit oder im kubischen System zu Diamant. Oben: Struktur von Graphit. Unten: Struktur des Diamanten.

**Abb. 53.** Brillantschliff von oben, der Seite und unten. Dieser Schliff besteht aus 57 Facetten, deren Winkel so angeordnet sind, daß eine optimale Reflexion des Lichts gewährleistet ist.

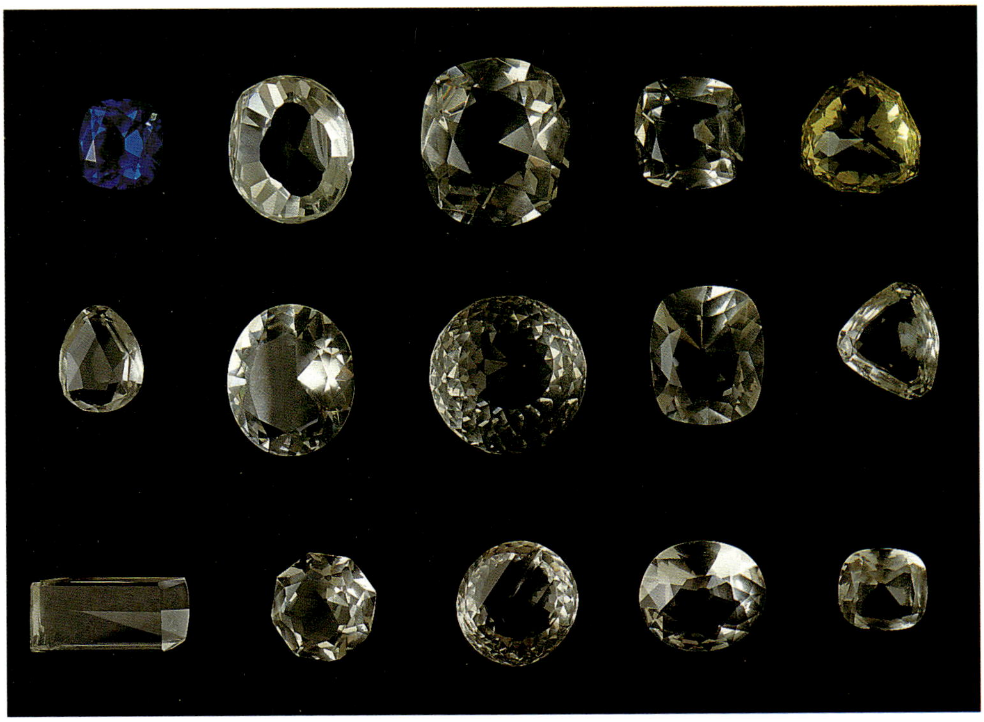

**Abb. 54.** Reproduktionen der berühmtesten Diamanten der Welt. Von links nach rechts und von oben nach unten: Blauer Diamant, Pigott, Jubilee, Polarstern, Großherzog der Toskana, Sansy, Kohinoor (ursprünglicher Schliff), Großmogul, Stern des Südens, Nassak, Schah von Persien, Pascha von Ägypten, Orloff, Kohinoor (gegenwärtiger Schliff), Regent.

# Sulfide I

Im engeren Sinne versteht man unter Sulfiden jene Mineralien, die sich aus Schwefel- und Metallatomen in beliebigen Verhältnissen zusammensetzen. Im weiteren Sinne umfassen die Sulfide aber auch seltene Mineralien, bei denen Schwefel durch Selen, Tellur, Arsen, Antimon oder Wismut ersetzt ist. Die Struktur der Sulfide ist kompliziert: manche weisen Ionenbindungen, andere zumindest teilweise Metallbindungen oder Atombindungen auf.

Die Sulfide besitzen folgende **Eigenschaften:** Metallglanz, weshalb sie seit der Antike begehrt sind; ein hohes spezifisches Gewicht, wegen des großen Atomgewichts der beteiligten Elemente (dadurch lassen sie sich aus Ganggesteinen ausschwemmen) und eine allgemein gute Wärme- und Elektrizitätsleitfähigkeit. Zudem sind sie fast immer undurchsichtig.

Die Gruppe der Sulfide umfaßt eine große Anzahl von Metallerzen mit beträchtlichem wirtschaftlichen Nutzen, da ihre Verhüttung einfach durchzuführen ist. Sie sind umso wertvoller, da sie häufig erhebliche Anteile an Edelmetallen wie Gold und Silber enthalten.

Auch wenn die Gitterstruktur vieler Sulfide genau bekannt ist, lassen sich in dieser Hinsicht keine allgemein gültigen Aussagen machen.

## ARGENTIT (SILBERGLANZ)

**Etymologie:** lat. *argentum* = Silber.
**Chemische Formel:** $Ag_2S$. In Reinform 87,1 Prozent Silbergehalt
**Kristallsystem:** unterhalb von 179° C Ausbildung einer monoklin-pseudorhombischen Modifikation, dem sogenannten Akanthit. Oberhalb 179° C kubisch-hexioktaedrisch.
**Aussehen:** kubische oder oktaedrische Kristalle. Häufiger jedoch baumförmige kristalline Aggregate, Massen oder mikroskopisch kleine Einschlüsse in silberhaltigem Bleiglanz. Mitunter auch als Krusten.
**Eigenschaften:** Farbe: grau bis schwarz. Strich: schwarz glänzend. Glanz: frische Bruchstellen metallisch, laufen matt an. Bruch: kleinmuschelig, leicht schneidbar. Spaltbarkeit: undeutlich. Härte: 2 - 2,5. Spezifisches Gewicht: 7,3.
**Entstehung und Vorkommen:** Das Mineral kommt gewöhnlich in hydrothermalen Sulfidgängen niederer Temperatur mit anderen Silbermineralien vor. Umfangreiche Vorkommen befinden sich in der Comstock Lode in Nevada (USA).
**Verwendung:** Argentit gehört zu den wichtigsten Sibererzen.

## CHALKOSIN (KUPFERGLANZ)

**Etymologie:** griech. *chalkos* = Kupfer, Bronze.
**Chemische Formel:** $Cu_2S$.
**Kristallsystem:** bei Bildung unterhalb 103° C rhombisch, darüber hexagonal.
**Aussehen:** in der Regel mikrokristalline schwarze oder dunkelgraue Massen, die mit grünem Malachitpulver als Verwitterungsprodukt überzogen sind.
**Eigenschaften:** Farbe: dunkelgrau. Strich: dunkelgrau. Glanz: metallisch. Bruch: muschelig oder uneben. Spaltbarkeit: undeutlich. Härte: 2,5 - 3. Spezifisches Gewicht: 5,8.
**Entstehung und Vorkommen:** Chalkosin bildet sich hydrothermal oder in Bereichen sekundärer Sulfidanreicherungen (Zementationszone). Bedeutende Vorkommen befinden sich in Mexiko, Peru, Chile usw.
Verwendung: Chalkosin ist als kupferreichstes Sulfid ein wichtiges Erz für die Kupferindustrie.

## GALENIT (BLEIGLANZ)

**Etymologie:** lat. *galena* = Bleierz.
**Chemische Formel:** PbS. Enthält gelegentlich mikroskopische Spuren von Silbermineralien.
**Kristallsystem:** kubisch.
**Aussehen:** dichte, körnige und blättrige Massen. Oft auch kubische Kristalle von beträchtlicher Größe.
**Eigenschaften:** Farbe: bleigrau, bei Silbergehalt heller. Strich: dunkelgrau. Glanz: an frischen Bruchstellen metallisch, matt anlaufend. Bruch: kleinmuschelig. Spaltbarkeit: vollkommen nach dem Würfel. Härte: 2,5. Spezifisches Gewicht: 7,6.
**Entstehung und Vorkommen:** Galenit gehört zu den häufigsten Sulfiden. Es wird vorwiegend hydrothermal gebildet, ist fast immer mit Zinkblende vergesellschaftet und kommt zusammen mit Kalkspat, Flußspat, Quarz usw. vor. Die zahlreichen Fundstätten sind über die ganze Erde verteilt.
Verwendung: Bleiglanz ist das wichtigste Bleierz und durch seinen Silbergehalt auch ein bedeutendes Silbererz.

## ZINKBLENDE (SPHALERIT)

**Etymologie:** dt. *blenden*, da das Mineral leicht mit Galenit verwechselt wird. Die zweite Bezeichnung, Sphalerit, geht auf griech. *sphaleros* = trügerisch zurück.
**Chemische Formel:** ZnS, meist mit erheblichen Eisengehalt (bis 20% Fe).
**Kristallsystem:** kubisch.
**Aussehen:** meist dichte oder faserige Massen unterschiedlicher Farbe. Tetraedrische oder rhombendodekaedrische Kristalle oft in Kombination mit würfeliger Form; teilweise gekrümmte Flächen. Häufige Verzwillingung.
**Eigenschaften:** Farbe: reines Zinksulfid ist farblos, je höher der Anteil an Eisensulfid, umso dunkler erscheint die Zinkblende. Bei niedrigem Eisengehalt gelblich: karamellisierte Blende. Bei Marmatit handelt es sich aufgrund des hohen Eisengehalts um eine schwarz glänzende Varietät. Strich: weiß bis schmutzig gelb. Glanz: harzig oder diamanten, bei den stark eisenhaltigen Varietäten halbmetallisch. Bruch: muschelig. Spaltbarkeit: vollkommen. Härte: 3,5 - 4. Spezifisches Gewicht: 3,9 - 4,2.
**Entstehung und Vorkommen:** Zinkblende bildet sich in den verschiedenen Erstarrungsphasen des Magmas; auch sedimentäre Entstehung. Die Fundorte des häufigen Minerals sind über die ganze Erde verteilt.
**Verwendung:** Zinkblende ist das wichtigste Zinkerz.

**Abb. 55.** Argentit (Kristallgröße 2 cm); Freiberg, (Sachsen).

**Abb. 56.** Chalkosin (Kristallgröße 2 cm); Cornwall (Großbritannien).

**Abb. 57.** Galenit (Kristallgröße 1 cm); Reocinc, Santander (Spanien).

**Abb. 59.** Karamellisierte Zinkblende (x1); Espinema, Santander (Spanien).

**Abb. 58.** Zinkblende (zweifach vergrößert: x2); Trepca (Kroatier.).

# Sulfide II

### CHALKOPYRIT (KUPFERKIES)

**Etymologie:** griech. *chalkos* = Kupfer und griech. *pyr* = Feuer.
**Chemische Formel:** $CuFeS_2$.
Kristallsystem: tetragonal.
Aussehen: häufig in dichten Massen; Kristalle selten.
Eigenschaften: Farbe: messinggelb, oft irisierend. Strich: grünlich schwarz. Glanz: metallisch. Bruch: muschelig oder uneben.
Spaltbarkeit: undeutlich. Härte: 3,5 - 4. Spezifisches Gewicht: 4,1 - 4,3.
Entstehung und Vorkommen: Chalkopyrit entsteht in metasomatischen und hydrothermalen Lagerstätten; sedimentäre Bildung selten. Die größten Vorkommen befinden sich in den US-Bundesstaaten Pennsylvania, Kalifornien und Utah, in Cornwall (Großbritannien) und in Japan.
**Verwendung:** Chalkopyrit ist das wichtigste Kupfererz; der Kupfergehalt liegt bei bis zu 34,5 Prozent.

### PYRRHOTIN (MAGNETKIES)

**Etymologie:** griech. *pyrros* = feuerfarben.
**Chemische Formel:** FeS. In Spuren auch Nickel.
**Kristallsystem:** hexagonal.
Aussehen: dichte, körnige oder tafelige Massen.
**Eigenschaften:** Farbe: bronzefarben, läuft dunkel an. Strich: grau-schwarz. Glanz: metallisch. Bruch: uneben.
Spaltbarkeit: deutlich. Härte: 3,5 - 4,5. Spezifisches Gewicht: 4,6. Kleine Splitter sind magnetisch.
**Entstehung und Vorkommen:** Pyrrhotin bildet sich in hydrothermalen und kontaktmetasomatischen, seltener auch in meteorischen Lagerstätten. Man findet es an vielen Orten, z. B. Sudbury (Kanada), Schweden, Krim (Ukraine), Freiberg (Sachsen), St. Andreasberg (Harz).
**Verwendung:** Pyrrhotin dient zur Gewinnung verschiedener Metalle. Durch Nickelgehalt wichtigstes Nickelerz.

### NICKELIN (ROTNICKELKIES)

**Etymologie:** dt. *Nikolaus*, die Bezeichnung wurde von den Bergleuten vermutlich abfällig verwendet, da man eigentlich Kupfer suchte.
**Chemische Formel:** NiAs.
**Kristallsystem:** hexagonal.
Aussehen: Kristallbildung selten, meist körnige oder nierenförmige, derbe Massen mit säuliger Struktur.
**Eigenschaften:** Farbe: kupferrot. Strich: braunschwarz. Glanz: metallisch. Bruch: uneben oder muschelig. Spaltbarkeit: keine. Härte: 5,5. Spezifisches Gewicht: 7,7.
**Entstehung und Vorkommen:** Nickelin bildet sich in hydrothermalen Gängen. In beträchtlichen Mengen kommt es unter anderem in Ontario (Kanada), Westsibirien, La Rioja (Argentinien) und im Siegerland sowie bei Wolfach im Schwarzwald vor.
**Verwendung:** Nickelin ist ein Nickelerz; zur Herstellung von Spezialinstrumenten und -legierungen; als Münzmetall.

### MILLERIT (HAARKIES)

**Etymologie:** Zu Ehren des britischen Mineralogen W. H. Miller, der die Kristalle dieses Minerals erstmals genauer untersuchte.
**Chemische Formel:** NiS.
**Kristallsystem:** hexagonal.
Aussehen: nadelige Kristalle (Abb. 12), häufig Kristallbüschel in Höhlräumen von Kalkstein oder Dolomit. Auch körnige Aggregate in Gängen mit anderen Sulfiden und Nickelmineralien.
**Eigenschaften:** Farbe: von messinggelb bis leicht bronzefarben, irisierend. Strich: grünlich schwarz. Glanz: metallisch. Bruch: uneben. Spaltbarkeit: vollkommen. Härte: 3 - 3,5. Spezifisches Gewicht: 5,3 - 5,6.
**Entstehung und Vorkommen:** Millerit bildet sich in hydrothermalen Ganglagerstätten oder aufgrund der Verwitterung anderer Nickelmineralien. Es ist selten und findet sich immer nur in kleinen Mengen z. B. in Wales (Großbritannien) und im Siegerland.
**Verwendung:** Da Millerit sehr selten ist, hat er industriell keine Bedeutung.

### COVELLIN (KUPFERINDIG)

**Etymologie:** zu Ehren des italienischen Mineralogen N. Covelli, dem Entdecker dieses Minerals.
**Chemische Formel:** CuS.
**Kristallsystem:** hexagonal.
Aussehen: dichte Massen, gelegentlich mit einer grünen Verwitterungsschicht aus Malachit überzogen. Kristallbildung selten.
**Eigenschaften:** Farbe: blauschwarz, oft irisierend. Strich: schwarz glänzend. Glanz: metallisch bis harzig. Bruch: muschelig.
Spaltbarkeit: vollkommen. Härte: 1,5 - 2. Spezifisches Gewicht: 4,6.
**Entstehung und Vorkommen:** Covellin tritt nur sehr selten als Primärmineral auf; meist Sekundärmineral in Kupfererzlagerstätten. Umfangreiche Vorkommen findet man in Chile, Bolivien, Alaska und Neuseeland. Große irisierende Kristalle wurden in Calabona (Italien) und in Butte (US-Bundesstaat Montana) gefunden.
**Verwendung:** Covellin ist ein Kupfererz.

### CINNABARIT (ZINNOBER)

**Etymologie:** lat. *cinnabari* und griech. *kinnabari* = zinnoberrot; aufgrund der kräftigen Rotfärbung.
**Chemische Formel:** HgS.
**Kristallsystem:** trigonal.
Aussehen: meist körnige, dichte Massen, oft in Begleitung anderer Sulfide wie Antimonit. Kristallbildung selten.
**Eigenschaften:** Farbe: zinnoberrot. Strich: scharlachrot. Glanz: diamanten bis erdig. Bruch: uneben. Spaltbarkeit: vollkommen nach dem Prisma. Härte: 2,5. Spezifisches Gewicht: 8,1.
**Entstehung und Vorkommen:** Cinnabarit kommt in hydrothermalen Lagerstätten vor. Umfangreiche Vorkommen finden sich unter anderem in Almadén, Ciudad Real (Spanien), Idrija (Slowenien) und Usbekistan.
**Verwendung:** Cinnabarit ist das wichtigste Quecksilbererz.

**Abb. 60.** Chalkopyrit mit Quarz (x1,5); Huarón (Peru).

**Abb. 61.** Pyrrhotin (x2); Colorado (USA).

**Abb. 62.** Nickelin (x2); Ontario (Kanada).

**Abb. 63.** Covellin (x1,5) Butte, Montana (USA).

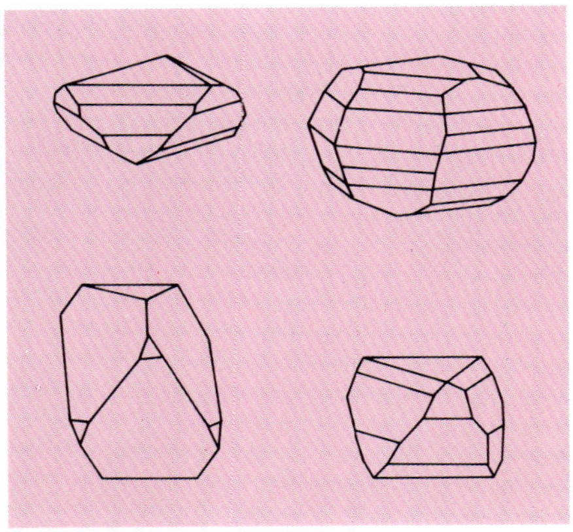

**Abb. 64.** Cinnabarit (Kristallgröße 1 cm); Almadén, Ciudad Real (Spanien). Links: Häufige Habitusformen von Cinnabaritkristallen.

# Sulfide III

## REALGAR (RAUSCHROT)

**Etymologie:** arab. *Rahj al-gar* = Grubenschmand, da das Mineral in Silberminen vorkommt.
**Chemische Formel:** AsS.
**Kristallsystem:** monoklin.
**Aussehen:** derbe und feinkörnige Massen oder als Anflug auf Kalkspat und Dolomit. Kristallbildung selten.
**Eigenschaften:** Farbe: rot-orange. Zerfällt durch Lichteinwirkung zu Auripigment. Strich: rötlich orange. Glanz: harzig. Bruch: muschelig. Spaltbarkeit: vollkommen. Härte: 1,5 - 2. Spezifisches Gewicht: 3,5.
**Entstehung und Vorkommen:** Realgar wird in hydrothermalen Erzgängen bei niedriger Temperatur gebildet, mitunter auch als Sublimat in Blasenhohlräumen von Laven. Umfangreiche Vorkommen finden sich bei Tajowa (Slowakei), bei Oviedo (Spanien) und im Kaukasus.
**Verwendung:** Realgar wird in der Pyrotechnik eingesetzt. Früher auch als Farbstoff verwendet.

## AURIPIGMENT (ARSENBLENDE)

**Etymologie:** lat. *aurum = Gold* und *pigmentum = Farbe.*
**Chemische Formel:** $As_2S_3$.
**Kristallsystem:** monoklin.
**Aussehen:** meist tafelige, erdige oder faserige Massen. Kristalle klein und selten, prismatisch.
**Eigenschaften:** Farbe: zitronengelb oder orange. Strich: hellgelb. Glanz: harzig. Bruch: uneben. Spaltbarkeit: vollkommen nach dem Pinakoid. Härte: 1,5 - 2. Spezifisches Gewicht: 3,5.
**Entstehung und Vorkommen:** Auripigment bildet sich hauptsächlich aus dem Zerfall von Realgar. Die bedeutendsten Vorkommen befinden sich in Kurdistan (Türkei), in Georgien und bei Allchar (Mazedonien).
**Verwendung:** Auripigment wird zur Arsengewinnung verwendet und kommt bei der Ledergerbung zum Einsatz.

## ANTIMONIT (ANTIMONGLANZ, STIBNIT)

**Etymologie:** lat. *antimonium.* Das Mineral wird auch als Stibnit von griech. *stibi = Spießglanz* bezeichnet.
**Chemische Formel:** Sb2S3.
**Kristallsystem:** rhombisch.
**Aussehen:** nadelige oder prismatische, in Längsrichtung gestreifte, spießige Kristalle; häufig auch wirrfaserige, körnige oder dichte Aggregate.
**Eigenschaften:** Farbe: bleigrau bis schwarz. Strich: bleigrau. Glanz: an frischen Bruchstellen stark metallisch, läuft matt an. Bruch: kleinmuschelig. Spaltbarkeit: vollkommen. Härte: 2. Spezifisches Gewicht: 4,6.
**Entstehung und Vorkommen:** Antimonit bildet sich in hydrothermalen Lagerstätten und kommt häufig vor. Die bedeutendsten Vorkommen befinden sich in China, der Republik Südafrika und in Bolivien.
**Verwendung:** Antimonit ist das wichtigste Antimonerz.

## PYRIT (SCHWEFELKIES)

**Etymologie:** griech. *pyr* = Feuer; vermutlich weil sich bei Hammerschlag Funken bilden.
**Chemische Formel:** $FeS_2$. Enthält gelegentlich Ni, Co oder Cu.
**Kristallsystem:** kubisch.
**Aussehen:** dichte Massen oder kubische bzw. pentagondodekaedrische Kristalle, die aufgrund ihrer Häufigkeit auch als Pyritoeder bezeichnet werden.
**Eigenschaften:** Farbe: messinggelb oder goldgelb (daher im Volksmund auch als »Katzengold« bezeichnet). Strich: grünlich schwarz. Glanz: metallisch. Bruch: uneben oder muschelig. Spaltbarkeit: sehr undeutlich. Härte: 6 - 6,5. Spezifisches Gewicht: 5,0 - 5,2.
**Entstehung und Vorkommen:** Pyrit wird vorwiegend in kontaktmetasomatischen, hydrothermalen und sedimentären Lagerstätten gebildet. Es ist sehr weit verbreitet, besonders zu erwähnen sind die Vorkommen von Rio Tinto, Huelva (Spanien), wo es seit dem Altertum abgebaut wird.
**Verwendung:** Pyrit dient hauptsächlich zur Herstellung von Schwefelsäure, wird aber auch zur Gewinnung verschiedener beigemengter Metalle (Gold, Kobalt, Kupfer usw.) verwendet.

## MARKASIT

**Etymologie:** alchimistisch: *marcasitae* = Schwefelverbindungen, vom arab. *marqaschitza = Feuerstein,* das wiederum auf pers. *marcasisa* zurückgeht. Die Bezeichnung galt für Markasit und Pyrit gleichermaßen.
**Chemische Formel:** $FeS_2$.
**Kristallsystem:** rhombisch (im Unterschied zu Pyrit!).
**Aussehen:** häufig hahnenkammartige Verwachsungsformen und radialstrahlige Knollen. Teilweise als Überzug auf anderen Mineralien.
**Eigenschaften:** Farbe: messinggelb, etwas heller als Pyrit. Strich: grünlich schwarz bis gräulich schwarz. Glanz: metallisch. Bruch: uneben. Spaltbarkeit: undeutlich. Härte: 6 - 6,5. Spezifisches Gewicht: 4,8 (niedriger als Pyrit!).
**Entstehung und Vorkommen:** Markasit wird in den letzten Phasen der hydrothermalen Kristallisation gebildet; mitunter auch exogenen Ursprungs. Nicht so häufig wie Pyrit, wirtschaftlich kaum bedeutend.
**Verwendung:** Markasit dient zur Herstellung von Schwefelsäure.

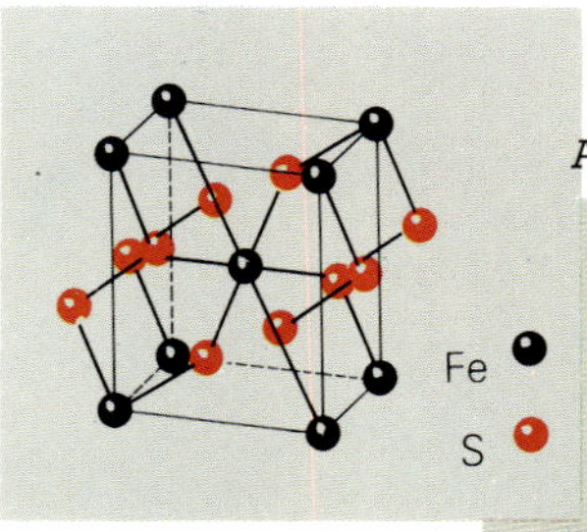


**Abb. 68.** Markasit (9 cm); Reocinc, Santander (Spanien).

**Abb. 65.** Realgar (x1); Humbold (USA).

**Abb. 66.** Auripigment (17 cm); Quiruvilca (Peru).

**Abb. 67.** Links: Antimonit (x1); Capalbio (Italien). Rechts: Antimonit (Kristallgröße max. 8 cm); Toskana (Italien).

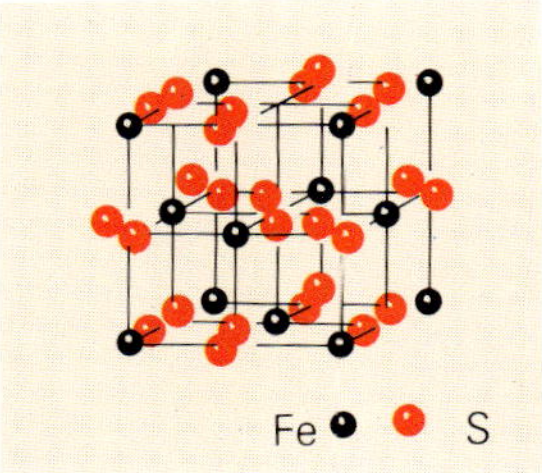


**Abb. 69.** Von links nach rechts und von oben nach unten: Pyrit (x0,5); Navaj´n, Soria (Spanien). Pyrit (x0,5); Quiruvilca (Peru). Pyrit auf Siderit (Kristallgröße max. 2,5 cm); Insel Elba (Italien). Pyrit (Kristallgröße 4 cm); Navaj´n, Soria (Spanien). Ganz links: Kristallgitter von Pyrit.

# Sulfide IV

## COBALTIN (KOBALTGLANZ)

**Etymologie:** dt. *Kobalt*, früher *Kobold*.
**Chemische Formel:** CoAsS.
**Kristallsystem:** kubisch.
**Aussehen:** körnige oder dichte Massen. Auch würfelige, oktaedrische oder pyritoedrische Kristalle oder zusammengesetzte Formen.
**Eigenschaften:** Farbe: silberweiß, oft mit rötlichgrauem Überzug. Strich: grauschwarz. Glanz: metallisch. Bruch: uneben. Spaltbarkeit: vollkommen. Härte: 5,5. Spezifisches Gewicht: 6,3.
**Entstehung und Vorkommen:** Cobaltin bildet sich in hydrothermalen Lagerstätten oder weniger häufig auch in metamorphem Gestein. Bedeutende Vorkommen des seltenen Minerals befinden sich bei Cobalt, Ontario (Kanada).
**Verwendung:** Cobaltin ist ein Erz für die Gewinnung von Kobalt.

## ARSENOPYRIT (ARSENKIES, MISSPICKEL)

**Etymologie:** Hinweis auf die Ähnlichkeit mit Pyrit in der Zusammensetzung; dt. *Mistpuckel*.
**Chemische Formel:** FeAsS.
**Kristallsystem:** monoklin.
**Aussehen:** körnige Massen oder langsäulige prismatische Kristalle.
**Eigenschaften:** Farbe: weiß bis stahlgrau. Strich: dunkelgrau bis schwarz. Glanz: metallisch. Bruch: uneben. Spaltbarkeit: vollkommen. Härte: 5,5 - 6. Spezifisches Gewicht: 5,9 - 6,2.
**Entstehung und Vorkommen:** Arsenopyrit entsteht in pneumatolytischen und hydrothermalen Gängen und Verdrängungslagerstätten. Bedeutende Vorkommen befinden sich in Boliden (Schweden), Norwegen, Cornwall und im Erzgebirge (Deutschland/Tschechische Republik).
**Verwendung:** Arsenopyrit dient zur Gewinnung von Arsen.

## MOLYBDÄNIT (MOLYBDÄNGLANZ)

**Etymologie:** griech. *molibdos* = Blei.
**Chemische Formel:** $MoS_2$.
**Kristallsystem:** hexagonal.
**Aussehen:** meist in blättrigen und schuppigen Aggregaten.
**Eigenschaften:** Farbe: bleigrau bis blau. Strich: bleigrau bis violett auf Papier und grünlich auf Porzellantäfelchen. Glanz: metallisch. Bruch: uneben. Spaltbarkeit: vollkommen. Härte: 1 - 1,5. Spezifisches Gewicht: 4,6 - 4,8.
**Entstehung und Vorkommen:** Molybdänit kommt als Begleitmineral in Graniten und Pegmatiten vor. Auch in Skarnzonen. Die weltweit größten Vorkommen befinden sich in Climax, Colorado (USA).
**Verwendung:** Molybdänit ist das wichtigste Molybdänerz. Es wird bei der Stahlvergütung eingesetzt.

## PYRARGYRIT (DUNKLES ROTGÜLTIGERZ)

**Etymologie:** Zusammensetzung aus griech. *pyr* = Feuer und griech. *argyros* = silberhaltig.
**Chemische Formel:** $Ag_3SbS_3$. Das Mineral kann auch Arsenbeimengungen enthalten.
**Kristallsystem:** trigonal.
**Aussehen:** meist körnige Aggregate; selten in Form kleiner prismatischer oder rhomboedrischer Kristalle. Selten massig.
**Eigenschaften:** Farbe: dunkelrot bis schwarz. Strich: ziegelrot. Glanz: diamanten. Bruch: uneben. Spaltbarkeit: deutlich nach dem Rhomboeder. Härte: 2,8. Spezifisches Gewicht: 5,8.
**Entstehung und Vorkommen:** Pyrargyrit bildet sich in hydrothermalen Gängen oder als sekundäre Anreicherung. Gegenwärtig wird es in Mexiko, Bolivien, Peru und Chile abgebaut.
**Verwendung:** Pyrargyrit ist eines der wichtigsten Silbererze.

## PROUSTIT (LICHTES ROTGÜLTIGERZ)

**Etymologie:** zu Ehren des französischen Chemikers J. L. Proust.
**Chemische Formel:** $Ag_3AsS_3$. Das Mineral kann Beimengungen von Antimon enthalten (Pyrargonit).
**Kristallsystem:** trigonal.
**Aussehen:** in der Regel dichte und körnige Massen, mitunter dendritisch.
**Eigenschaften:** Farbe: zinnoberrot, wird am Licht dunkler. Strich: scharlachrot. Glanz: diamanten. Bruch: uneben oder muschelig. Spaltbarkeit: vollkommen in einer Richtung. Härte: 2 - 2,5. Spezifisches Gewicht: 5,6.
**Entstehung und Vorkommen:** wie Pyrargyrit, allerdings viel seltener. Vorkommen befinden sich im Harz, Kanada, Mexiko und Brasilien.
**Verwendung:** Proustit ist ebenfalls ein wichtiges Silbererz.

## TETRAEDRIT (ANTIMONFAHLERZ)

**Etymologie:** Der Name rührt von der Tetraederform der Kristalle her.
**Chemische Formel:** Das Mineral gehört wie Tennantit zur isomorphen Reihe der Fahlerze. Tetraedrit mit der Formel $Cu_{12}Sb_4S_{13}$ ist ein Endglied dieser Reihe.
**Kristallsystem:** kubisch.
**Aussehen:** derbe, körnige Massen oder Kristalle mit tetraedrischem Habitus, oft mit Chalkopyrit überzogen.
**Eigenschaften:** Farbe: bleigrau. Strich: grau bis schwarz. Glanz: metallisch. Bruch: uneben oder muschelig. Spaltbarkeit: keine. Härte: 3 - 4. Spezifisches Gewicht: 4,6 - 5,1.
**Entstehung und Vorkommen:** Tetraedrit wird in hydrothermalen Gängen gebildet. Bedeutende Vorkommen befinden sich in Peru, Bolivien, in den USA und in (Österreich).
**Verwendung:** Tetraedrit dient zur Gewinnung von Kupfer, mitunter auch von Silber und Antimon.

## TENNANTIT (ARSENFAHLERZ)

**Etymologie:** zu Ehren des britischen Chemikers S. Tennant.
**Chemische Formel:** $Cu_{12}As_4S_{13}$.
**Kristallsystem:** kubisch.
**Aussehen:** derbe Aggregate oder flächenreiche Kristalle.
**Eigenschaften:** Farbe: dunkelgrau. Strich: schwarz. Glanz: metallisch. Bruch: uneben oder muschelig. Spaltbarkeit: keine. Härte: 3,5 - 4,5. Spezifisches Gewicht: 4,4 - 4,8.
**Entstehung und Vorkommen:** Tennantit wird in hydrothermalen Lagerstätten gebildet. Vorkommen befinden sich in Deutschland, Schweden, Namibia.
**Verwendung:** Tennantit ist ein Kupfererz.

**Abb. 70.** Cobaltin (Kristallgröße 0,5 cm); Tunaberg (Schweden).

**Abb. 71.** Arsenopyrit (x1); Panasqueira (Portugal).

**Abb. 72.** Molybdänit (Kristallgruppe in der Mitte); Erzgebirge (Deutschland/Tschechische Republik).

**Abb. 73.** Links: Pyrargyrit (Kristallgröße links, 1 cm); Zacatecas (Mexiko). Rechts: Proustit (x2,5); Schlema, Sachsen.

**Abb. 74.** Links: Tennantit (Kristallgröße 1 cm); Casapalca (Peru). Rechts: Tetraedrit (x0,5); Tsumeb (Namibia).

# Oxide und Hydroxide I

In diese Klasse gehören diejenigen Mineralien, die aus der Verbindung eines oder mehrerer Metalle mit Sauerstoff (Oxide) oder Hydroxylgruppen (Hydroxide) bestehen.

Aufgrund der starken Ionenbindungen weisen Oxide unter anderem folgende Eigenschaften auf: große chemische Beständigkeit, geringe Löslichkeit, große Härte und hohe Schmelz- und Siedepunkte. Viele Oxide spielen eine wichtige Rolle als Metallerze: sie kommen einerseits häufig vor und sind andererseits leicht zu verhütten (Reduktionsverfahren).

Hydroxide sind in der Regel Verwitterungsprodukte bestehender Mineralien. Sie kristallisieren in Schichtgittern, die über Ionenbindungen miteinander verbunden sind und über schwache Van-der-Waals-Bindungen zusammengehalten werden. Diese Tatsache erklärt ihre ausgeprägte Spaltbarkeit nach dem Pinakoid. Auch bei den Hydroxiden gibt es wirtschaftlich bedeutende Vertreter wie etwa das Aluminiumerz Bauxit.

## CUPRIT (ROTKUPFERERZ)

**Etymologie:** lat. *cuprum* = Kupfer.
**Chemische Formel:** $Cu_2O$. Das Mineral enthält in der Regel Beimengungen von Schwefel, Eisen usw.
**Kristallsystem:** kubisch.
**Aussehen:** häufig dichte oder feinkörnige Massen. Oktaedrische, rhombendodekaedrische oder kubische Kristalle, häufig mit Malachitüberzug.
**Eigenschaften:** Farbe: kräftig rot bis schwarz. Strich: braunrot. Glanz: Kristalle diamanten bis halbmetallisch, in Massen matt. Bruch: uneben. Spaltbarkeit: undeutlich. Härte: 3,5 - 4. Spezifisches Gewicht: 6,1.
**Entstehung und Vorkommen:** Cuprit-Mineral bildet sich häufig als Oxidschicht auf anderen Kupfermineralien. Bedeutende Vorkommen befinden sich in Bisbee, Arizona(USA), Chuquimata (Chile), Corocoro (Bolivien) Tsumeb (Namibia).
**Verwendung:** Cuprit ist ein lokal wichtiges Kupfererz.

## SPINELL

**Etymologie:** lat. *spinella* = kleiner Splitter.
**Chemische Formel:** $MgAl_2O_4$.
**Kristallsystem:** kubisch.
**Aussehen:** Kristalle häufig aus Oktaedern und Dodekaedern zusammengesetzt.
**Eigenschaften:** Farbe: selten farblos, alle Färbungen sind möglich. Strich: weiß. Glanz: glasartig. Aufgrund des hohen Brechungsindex als Schmuckstein geeignet. Bruch: muschelig. Spaltbarkeit: undeutlich. Härte: 8. Spezifisches Gewicht: 3,5 - 4,1.
**Entstehung und Vorkommen:** Spinell bildet sich in magmatischem und kontaktmetamorphem Gestein; aufgrund seiner chemischen und mechanischen Beständigkeit auch Anreicherung in Seifen. Vorkommen befinden sich in Sri Lanka, Thailand, Madagaskar usw.
**Verwendung:** Spinell wird hauptsächlich bei der Schmuckherstellung verwendet.

## MAGNETIT (MAGNETEISENSTEIN)

**Etymologie:** Der Name leitet sich von der griechischen Stadt *Magnesia* ab.
**Chemische Formel:** $Fe_3O_4$.
**Kristallsystem:** kubisch.
**Aussehen:** Körnige Massen oder wohlgeformte oktaedrische oder rhombendodekaedrische Kristalle.
**Eigenschaften:** Farbe: schwarz. Strich: schwarz. Glanz: metallisch. Bruch: muschelig. Spaltbarkeit: undeutlich. Härte: 5,5 - 6. Spezifisches Gewicht: 5,2. Aufgrund seines starken Magnetismus ist Magnetit leicht zu erkennen.
**Entstehung und Vorkommen:** Magnetit ist sehr häufig und kommt unter den vielfältigsten Umweltbedingungen vor. Große Vorkommen befinden sich unter anderem in Kiruna (Schweden) und im Ural (Rußland).
**Verwendung:** Magnetit ist ein wichtiges Eisenerz.

## FRANKLINIT (ZINK-EISENSTEIN)

**Etymologie:** nach der Zinkerzlagerstätte bei Franklin in New Jersey (USA).
**Chemische Formel:** $ZnFe_2O_4$.
**Kristallsystem:** kubisch.
**Aussehen:** körnige oder dichte Massen. Kristalle mit oktaedrischem Habitus.
**Eigenschaften:** Farbe: schwarz. Strich: dunkelbraun. Glanz: metallisch oder submetallisch. Bruch: muschelig. Spaltbarkeit: undeutlich. Härte: 6 - 6,5. Spezifisches Gewicht: 5,1.
**Entstehung und Vorkommen:** Franklinit bildet sich in kontaktmetamorphen Lagerstätten. Das bedeutendste Vorkommen befindet sich in Franklin, New Jersey (USA).
**Verwendung:** Franklinit ist ein wichtiges Zinkerz.

## CHROMIT (CHROMEISENSTEIN)

**Etymologie:** Der Name leitet sich von lat. *chroma* = Farbe, ab, da Chromverbindungen als Farbstoffe verwendet wurden.
**Chemische Formel:** $FeCr_2O_4$. Das Mineral enthält gelegentlich Spuren von Magnesium, Aluminium, Titan u.a.
**Kristallsystem:** kubisch.
**Aussehen:** in der Regel körnige oder dichte Massen. Kristalle klein und selten.
**Eigenschaften:** Farbe: schwarz oder schwarzbraun. Strich: dunkelbraun. Glanz: metallisch bis submetallisch oder fettig. Bruch: uneben. Spaltbarkeit: keine. Härte: 5,5. Spezifisches Gewicht: 4,5 - 4,8. Einige Exemplare sind leicht magnetisch.
**Entstehung und Vorkommen:** Chromit gehört zu den frühesten Ausscheidungen aus Magmen, findet sich aber auch in Seifen. Bedeutende Vorkommen gibt es in Ostanatolien (Türkei), in Bärenstein (Erzgebirge), im Ural (Rußland) und vor allem Selukwe (Simbabwe).
**Verwendung:** Chromit ist das wichtigste Chromerz. Chrom wird vor allem als Zusatz bei der Stahlherstellung verwendet.

Abb. 75. Cuprit (Kristallgröße 1,5 cm); Diculuwe (Republik Kongo).

Abb. 76. Spinell (Varietät falscher Rubin) (Kristallgröße 0,5 cm) Sri Lanka

Abb. 77. Magnetit mit Pyrit (Kristallgröße in der Mitte 1,5 cm); Piemont (Italien).

Abb. 78. Franklinit (Kristallgröße 2,5 cm); New Jersey (USA).

Abb. 79. Chromit (3 cm); Montana (USA).

# Oxide und Hydroxide II

## KORUND

**Etymologie:** tamil. (indische Sprache) *kurundam* = Rubin.
**Chemische Formel:** $Al_2O_3$. Das Mineral kann Chrom, Eisen, Tellur und Mangan enthalten.
**Kristallsystem:** trigonal.
**Aussehen:** körnige oder unregelmäßige Massen. Kristalle häufig tonnenförmig (Abb. 80)
**Eigenschaften:** Farbe: es können verschiedene Färbungen auftreten: farblos (Leukosaphir), rot (Rubin), blau (Saphir), gelb, grün, violett und dunkelbraun. Die feinkörnige Variation bezeichnet man als Schmirgel. Teilweise tritt Streifung auf. Strich: weiß. Glanz: diamanten bis glasartig. Bruch: muschelig oder splittrig. Spaltbarkeit: undeutlich. Härte: 9. Spezifisches Gewicht: 3,9 - 4,1.
**Entstehung und Vorkommen:** Korund kommt als Begleitmineral in kontaktmetamorphem und basischem Eruptivgestein vor. Aufgrund seiner chemischen und mechanischen Beständigkeit auch Anreicherung in Seifen. Die größten Schmucksteinvorkommen befinden sich in Birma, Sri Lanka, Brasilien usw.
**Verwendung:** Korund wird in der Schmuckindustrie verwendet; Rubin und Saphir gehören zu den kostbarsten Edelsteinen. Schmirgel dient als industrielles Schleifmittel.

## HÄMATIT (EISENGLANZ)

**Etymologie:** griech. *haimatites* = blutrot, Anspielung auf die Farbe.

**Chemische Formel:** $Fe_2O_3$.

**Kristallsystem:** trigonal.

**Aussehen:** erdige, faserige, körnige, traubige, stalaktitische usw. Massen. Tafelige Kristalle. Bei schwarzer Färbung, Metallglanz und grob kristalliner Ausbildung spricht man von Eisenglanz.
**Eigenschaften:** Farbe: je nach Varietät schwarz, rot oder braun. Strich: rötlich bis braun. Glanz: metallisch oder erdig. Bruch: uneben. Spaltbarkeit: keine, einige Exemplare lassen sich problemlos an der Verzwillingungsebene trennen, was man aber nicht mit Spaltbarkeit verwechseln darf. Härte: 5,5 - 6,5. Spezifisches Gewicht: 4,9 - 5,3.
**Entstehung und Vorkommen:** Hämatit kommt in verschiedenen Lagerstätten vor: als Begleitmineral in magmatischen Gesteinen, in kontaktmetamorphen Regionen, in meteorischen Lagerstätten usw. Es wird an zahlreichen Orten abgebaut; die größten Vorkommen befinden sich südlich und westlich des Oberen Sees in den USA.
**Verwendung:** Hämatit ist das bedeutendste Eisenerz. Zudem verwendet man das Mineral zur Herstellung von Farbstoffen und als Halbedelstein bei der Schmuckherstellung (Blutstein).

## ILMENIT (TITANEISEN)

**Etymologie:** Der Name leitet sich vom Ilmengebirge in Rußland ab, wo dieses Mineral entdeckt wurde.
**Chemische Formel:** $FeTiO_3$.
**Kristallsystem:** trigonal.
**Aussehen:** dichte oder körnige Massen; gut entwickelte Kristalle mit tafeligem Habitus. Auch lose in Sanden vorkommend.
**Eigenschaften:** Farbe: verschiedene Schwarztöne. Strich: schwarz (feingemahlenes Pulver ist dunkelbraun). Glanz: metallisch, submetallisch oder fettig. Bruch: uneben. Spaltbarkeit: keine, einige Exemplare lassen sich an der Verzwillingungsebene trennen. Härte: 5,5 - 6. Spezifisches Gewicht: 4,7 - 5.
**Entstehung und Vorkommen:** Ilmenit kommt als Absatz vulkanischer Exhalationen hoher Temperatur vor und bildet gelegentlich bedeutende Anreicherungen. Es ist Bestandteil der schwarzen Sande an den Stränden Indiens und Floridas. Bedeutende Vorkommen befinden sich in Kanada, Florida (USA), Norwegen, Rußland.
**Verwendung:** Ilmenit ist das bedeutendste Titanerz. Wichtig vor allem zur Veredelung von Stahl und zur Herstellung von Legierungen.

## RUTIL

**Etymologie:** lat. *rutilus* = rot; Anspielung auf die Mineralfarbe.
**Chemische Formel:** $TiO_2$.
**Kristallsystem:** tetragonal. Polymorphe Modifikationen: Anatas (tetragonal) und Brookit (rhombisch) (Abb. 25).
**Aussehen:** dichte Massen und prismatische, in der Regel langsäulige Kristalle. Charakteristisch ist die knie- oder herzförmige Verzwillingung. Oft eingeschlossen in Quarz (Venushaar), siehe S. 25, Abb. 31.
**Eigenschaften:** Farbe: gelb, rot, braun, schwarz und seltener farblos. Strich: braun. Glanz: diamanten, bei schwarzen Exemplaren halbmetallisch. Bruch: uneben oder muschelig. Spaltbarkeit: in einer Richtung vollkommen, in der anderen weniger vollkommen. Härte: 6 - 6,5. Spezifisches Gewicht: 4,2 - 4,3.
**Entstehung und Vorkommen:** Rutil kommt häufig als Gemengeanteil in eruptiven und metamorphen Gesteinen (hauptsächlich Gneisen und Schiefer) vor. Auch in Meersanden zusammen mit anderen schweren Mineralien. Bedeutende Vorkommen befinden sich unter anderem in Norwegen, im Alpengebiet (Tirol und Steiermark, Österreich) und in Virginia (USA).
**Verwendung:** Rutil ist ein Titanerz.

## CASSITERIT (ZINNSTEIN)

**Etymologie:** griech. *kassiteros* = Zinn.
**Chemische Formel:** $SnO_2$.
**Kristallsystem:** tetragonal.
**Aussehen:** körnige oder traubige Massen bzw. kurzprismatische Kristalle. Häufig knie- oder herzförmige Verzwillingung.
**Eigenschaften:** Farbe: braun oder schwarz. Strich: weiß, mitunter leicht bräunlich. Glanz: diamanten oder halbmetallisch. Bruch: uneben. Spaltbarkeit: undeutlich in einer Richtung. Härte: 6 - 7. Spezifisches Gewicht: 6,8 - 7,1.
**Entstehung und Vorkommen:** Cassiterit bildet sich in den letzten Phasen der magmatischen Erstarrung, insbesondere in Pegmatiten. Aufgrund der großen Härte, Dichte und chemischen Beständigkeit findet man es auch in marinen oder fluviatilen Seifen. Die größten Vorkommen befinden sich in Seifenlagerstätten in Malaysia, Rußland, China.
**Verwendung:** Cassiterit ist das wichtigste Zinnerz.

**Abb. 80.** Korund (Kristallhöhe 2,5 cm); Madagaskar. Links oben: idealer Habitus von Korund.

**Abb. 81.** Oben: Hämatit (Eisenglanz) (7 cm); Insel Elba (Italien). Unten: Hämatitrosetten (Kristallgröße max. 1 cm); Andermatt (Schweiz).

**Abb. 82.** Ilmenit mit Rutil (2 cm); BahÌa (Brasilien).

**Abb. 83.** Cassiterit (Kristallgröße max. 1,5 cm); Oruro (Bolivien).

# Oxide und Hydroxide III

## PYROLUSIT (WEICHMANGANERZ)

**Etymologie:** griech. *pyr* = Feuer, und *loysein* = waschen.
**Chemische Formel:** $MnO_2$.
**Kristallsystem:** tetragonal.
**Aussehen:** erdige oder pulverige Massen bzw. dendritische Aggregate (Abb.13). Kristallbildung selten.
**Eigenschaften:** Farbe: grau bis schwarz. Strich: schwarz. Glanz: metallisch bis erdig. Bruch: uneben. Spaltbarkeit: gut bis sehr gut in einer Richtung. Härte: 1 - 2 bei erdigen Varietäten, 6 - 7 bei Kristallen. Spezifisches Gewicht: 4,7 - 5,2.
**Entstehung und Vorkommen:** Pyrolusit kommt häufig vor und entsteht in sedimentären Lagerstätten unter vielfältigen kontinentalen Umweltbedingungen. Zu den weltweit bedeutendsten Produzenten gehören Südafrika, Indien, Rußland und Ghana.
**Verwendung:** Pyrolusit ist das wichtigste Manganerz.

## URANINIT (PECHBLENDE, URANPECHERZ)

**Etymologie:** Namensgebung durch das enthaltene Uran.
**Chemische Formel:** $UO_2$. Das Mineral enthält geringe Mengen an Radium (0,34 g pro Tonne).
**Kristallsystem:** kubisch.
**Aussehen:** körnig oder traubig mit konzentrischen Schichten. Die seltenen Kristalle sind kubisch oder zusammengesetzt aus kubischen, oktaedrischen oder rhombendodekaedrischen Formen.
**Eigenschaften:** Farbe: schwarz unterschiedlicher Intensität. Strich: schwarzbraun. Glanz: halbmetallisch. Bruch: uneben oder muschelig. Spaltbarkeit: undeutlich in einer Richtung. Härte: 5 - 6. Spezifisches Gewicht: 9 - 9,7.
**Entstehung und Vorkommen:** Uraninit kommt als Begleitmineral in Granit- und Syenitpegmatiten sowie in hydrothermalen Lagerstätten vor. Größere Vorkommen gibt es in Witwatersrand (Südafrika), in Wilbeforce (Kanada), Joachimsthal (Tschechische Republik) und in Menzenschwand im Schwarzwald.
**Verwendung:** Uraninit ist ein wichtiges Uran- und Radiumerz. Es wird für medizinische Zwecke bei der Krebsbehandlung sowie zur Herstellung der künstlichen Transurane und ihrer Spaltprodukte für Reaktorprozesse (Kernkraftwerke) und Kernwaffen eingesetzt.

## BRUCIT

**Etymologie:** nach dem amerikanischen Mineralogen A. Bruce.
**Chemische Formel:** $Mg(OH)_2$.
**Kristallsystem:** trigonal.
**Aussehen:** in der Regel blätterige Massen, talkartig; selten kleine hexagonale Kristalle mit tafeligem Habitus.
**Eigenschaften:** Farbe: weiß, grünlich oder gräulich. Strich: weiß. Glanz: glas- bis keramikartig, an den Spaltflächen perlmuttartig. Bruch: uneben. Spaltbarkeit: vollkommen nach dem Pinakoid. Härte: 2,5. Spezifisches Gewicht: 2,4.
**Entstehung und Vorkommen:** Brucit wird in kontaktmetamorphen Dolomiten und Kalksteinen gebildet sowie in Serpentin. Auch hydrothermale Bildung bei niedrigen Temperaturen. Größere Vorkommen befinden sich in Quebec (Kanada), auf den Shetland-Inseln (Großbritanien) und am Ladoga-See (Finnland).
**Verwendung:** Brucit ist ein sekundäres Magnesiumerz und dient zur Fertigung feuerfester Materialien.

## DIASPOR

**Etymologie:** griech. *diaspora* = Zerstreuung, da das Mineral bei Erwärmung in kleine Teilchen zerfällt.
**Chemische Formel:** $AlO(OH)$.
**Kristallsystem:** rhombisch.
**Aussehen:** blättrige oder stalaktitische Massen. Kristalle selten.
**Eigenschaften:** Farbe: weiß, gräulich, gelblich, braun oder grünlich. Strich: weiß. Glanz: glasartig, an den Spaltflächen perlmuttartig. Bruch: muschelig, leicht zerbrechlich. Spaltbarkeit: vollkommen nach dem Pinakoid. Härte: 6,5 - 7. Spezifisches Gewicht: 3,3 - 3,5.
**Entstehung und Vorkommen:** Diaspor bildet zusammen mit Hydrargillit, Alumogel und Eisenhydroxid ein Gemisch, das unter dem Namen Bauxit bekannter ist. Alle vier Bestandteile werden meteorisch gebildet, treten aber auch in kontaktmetamorphen Gesteinen auf (S. 32 und 33). Die zahlreichen weltweiten Bauxitvorkommen, wie z.B. das Namengebende in Les Baux (Südfrankreich), in Arkansas (USA), Guyana oder auf Jamaica enthalten immer diese Mischung.
**Verwendung:** Diaspor ist ein Bestandteil des zur Gewinnung von Aluminium verhütteten Bauxits, des wichtigsten Aluminiumerzes.

## GOETHIT (NADELEISENERZ)

**Etymologie:** zu Ehren des deutschen Dichters und Naturforschers J. W. von Goethe.
**Chemische Formel:** $FeOOH$.
**Kristallsystem:** rhombisch.
**Aussehen:** in der Regel traubige Massen mit einer radialstrahligen, nierenförmigen oder stalaktitischen inneren Struktur. Häufig pseudomorph auf Pyrit. Nadel- oder haarförmige Kristalle sind sehr selten.
**Eigenschaften:** Farbe: gelb, gelbbraun, dunkelbraun oder schwarz. Strich: gelbbraun. Glanz: auf erdigen Varietäten matt, auf faserigen seidig, auf Kristallen diamanten. Bruch: uneben. Spaltbarkeit: vollkommen in zwei Richtungen. Härte: 5 - 5,5. Spezifisches Gewicht: 3,3 - 4,3.
**Entstehung und Vorkommen:** Goethit bildet sich durch Ausscheidung in abflußlosen Becken (Meere, Seen, Teiche) oder als Abbauprodukt stark eisenhaltiger Mineralien. Es kommt lokal sehr häufig vor, etwa in Westfalen, bei Salzgitter, in Elsaß-Lothringen (Frankreich) und Luxemburg, bei Aalen (Baden-Württemberg) und auf der Halbinsel Krim (Ukraine).
**Verwendung:** Goethit ist ein lokal weit verbreitetes und wichtiges Eisenerz.

**Abb. 84.** Pyrolusit (15 cm); Rio Tinto, Huelva (Spanien).

**Abb. 85.** Brucit (2,5 cm); Ontario (Kanada).

**Abb. 86.** Bauxit (7 cm); Les Baux (Frankreich).

**Abb. 87.** Goethit (11 cm); Somorrostro, Bilbao (Spanien).

# Halogenide

Diese Gruppe umfaßt die Salze der chemischen Elementgruppe der Halogene.

Falls es sich beim Kation um ein Leichtmetall (kleine elektrische Ladungen) handelt, kommt es aufgrund der geringen Polarisierung nicht zum Aufbau von Atombindungen, sondern zu Ionenbindungen. Diese Struktur ist typisch für die meisten und wichtigsten Halogenide. Die Mineralien sind allesamt allochromatisch, d.h. ihre Färbung hängt von den enthaltenen Verunreinigungen ab. Sie sind wasserlöslich und besitzen einen mittleren oder hohen Schmelzpunkt. Härte und spezifisches Gewicht sind dagegen gering.

Falls es sich beim Kation um ein Schwermetall handelt, bilden sich Strukturen mit Atombindungen. Diese Mineralien sind idiochromatisch, nur schwer wasserlöslich oder unlöslich und besitzen ein hohes spezifisches Gewicht.

Die Anzahl an Mineralienvarietäten, die ein Halogen bilden kann, hängt direkt mit seiner Häufigkeit in der Natur zusammen. Daher sind die Chloride zahlenmäßig am stärksten vertreten. Es folgen die Fluoride, die Jodide und schließlich die Bromide mit nur einem Vertreter: dem höchst seltenen Bromargyrit.

## HALIT (STEINSALZ)

**Etymologie:** griech. *hals* = Salz.
**Chemische Formel:** NaCl.
**Kristallsystem:** kubisch.
**Aussehen:** häufig kubische Kristalle, gelegentlich recht groß; oktaedrische Kristalle selten. Charakteristisch sind trichterförmig gestufte Vertiefungen an den Seitenflächen. Häufig auch dichte körnige oder faserige Aggregate oder Krusten.
**Eigenschaften:** Farbe: in der Regel farblos oder weiß; es können aber je nach Verunreinigung zahlreiche Färbungen auftreten. Strich: weiß. Glanz: glasartig. Bruch: muschelig. Spaltbarkeit: vollkommen in drei Spaltrichtungen (kubisch). Härte: 2. Spezifisches Gewicht: 2,1 - 2,2.
**Entstehung und Vorkommen:** Das häufige Mineral wird in abgeschnürten Meeresteilen und abflußlosen Seen evaporitisch gebildet und ist stets von Gips und Anhydrit begleitet. Wesentlich seltener entsteht Halit als Sublimat in vulkanischer Umgebung. Große Vorkommen befinden sich z. B. in Nord- und Mitteldeutschland, in den Alpen (Bad Reichenhall/Bayern), in Wieliczka (Polen) sowie in Cardona (Spanien).
**Verwendung:** Halit spielt eine wichtige Rolle bei der Ernährung des Menschen sowie bei der Gewinnung verschiedener natrium- und chlorhaltiger chemischer Produkte.

## SYLVIN

**Etymologie:** zu Ehren des niederländischen Arztes Franz Sylvius de la Böe.
**Chemische Formel:** KCl.
**Kristallsystem:** kubisch.
**Aussehen:** Ähnelt Halit, läßt sich aber am Geschmack leicht davon unterscheiden: Bittersalz. Die Kristalle sind kubisch oder aus Würfel und Oktaeder zusammengesetzt. Häufiger in körnigen Massen.
**Eigenschaften:** Farbe: in der Regel rötlich, aufgrund von Hämatitbeimengungen, auch weiß, gelblich oder bläulich; in Reinform farblos. Strich: weiß. Glanz: glasartig. Bruch: uneben. Spaltbarkeit: vollkommen. Härte: 2. Spezifisches Gewicht: 1,9 - 2.
**Entstehung und Vorkommen:** Sylvin bildet sich ebenso wie Steinsalz, mit dem es oft gemeinsam vorliegt. Größere Vorkommen befinden sich in Nord- und Mitteldeutschland, im Elsaß (Frankreich), der Ukraine und vor allem in Solikamsk (Ural, Rußland)
**Verwendung:** Sylvin gehört zur Gruppe der Kali- und Magnesiumsalze, die meistens die oberste Schicht von Steinsalzlagerstätten bilden und früher erst »abgeräumt« werden mußten, ehe das begehrte Steinsalz erreicht wurde. Heute sind die Abraumsalze von hohem wirtschaftlichen und industriellen Wert. Sie werden zur Herstellung von Düngemitteln, zur Darstellung von Kalisalpeter und vielen anderen darin enthaltenen Verbindungen für die verschiedensten Zwecke verwendet.

## CARNALLIT

**Etymologie:** zu Ehren des deutschen Ingenieurs R. von Carnall.
**Chemische Formel:** $KMgCl_3$ . 6H20. Enthält auch Brom und Rubidium.
**Kristallsystem:** rhombisch.
**Aussehen:** in der Regel dichte oder körnige Massen; Kristallbildung sehr selten.
**Eigenschaften:** Farbe: in Reinform farblos, häufig rötlich, aufgrund von Hämatit-Beimengungen. Strich: weiß. Glanz: glasartig bis fettig. Bruch: muschelig. Spaltbarkeit: keine. Härte: 1 -2. Spezifisches Gewicht: 1,6.
**Entstehung und Vorkommen:** Carnallit bildet sich evaporitisch und kommt zusammen mit anderen Salzen wie Halit und Sylvin vor. Abbaugebiete siehe Sylvin
**Verwendung:** Carnallit spielt eine wichtige Rolle bei der Gewinnung von Kalium und anderer, in Spuren enthaltener Elemente, wie Brom, Rubidium, Cäsium und Magnesium.

## FLUORIT (FLUSSSPAT)

**Etymologie:** lat. *fluere* = fließen, da dieses Mineral leichter schmelzbar ist als die Speisesalze, mit denen es leicht verwechselt wird.
**Chemische Formel:** $CaF_2$.
**Kristallsystem:** kubisch.
**Aussehen:** dichte, körnige und spätige Massen; Kristalle normalerweise kubisch, seltener auch oktaedrisch und rhombendodekaedrisch. Die Kristalle können eine beträchtliche Größe erreichen.
**Eigenschaften:** Farbe: außerordentlich allochromatisch, es kann praktisch jede Färbung annehmen. Strich: weiß. Glanz: glasartig. Bruch: uneben. Spaltbarkeit: vollkommen nach dem Oktaeder. Härte: 4. Spezifisches Gewicht: 3,1 - 3,2.
**Entstehung und Vorkommen:** Das sehr verbreitete und häufige Mineral bildet sich in hydrothermalen Gängen mittlerer oder hoher Temperatur und kommt oft zusammen mit Sulfiden vor. Bei Sammlern sind vor allem oktaedrische rosa oder grüne Exemplare geschätzt. Die bedeutendsten Vorkommen befinden sich in den Alpen bei Göschenen und Meiringen (beide Schweiz), in Illinois (USA) und in Asturien (Spanien).
**Verwendung:** Fluorit spielt eine wichtige Rolle bei der Herstellung von industriell benötigter Flußsäure, als Flußmittel bei der Metallgewinnung usw.

**Abb. 88.** Halit (Kristallgröße 5 cm); Remolinos, Saragossa (Spanien).

**Abb. 89.** Sylvin (7 cm); Salon Sea, Kalifornien (USA).

**Abb. 90.** Links: Fluorit (x0,5); Berbes, Asturien (Spanien). Mitte: Fluorit (x1); San Cugat, Barcelona (Spanien). Rechts: Fluorit (x0,5); Cumberland (Großbritannien).

**Abb. 91.** Carnallit mit Halit (x1); Suria, Barcelona (Spanien).

# Karbonate, Nitrate und Borate I

Alle Mineralien dieser Klasse besitzen im Anionenkomplex drei Sauerstoffatome. Im Falle der Borate sind diese Sauerstoffatome mit dreiwertigen Elementen (z.B. Bor), bei den Karbonaten mit vierwertigen (z.B. Kohlenstoff) oder bei den Nitraten mit fünfwertigen Elementen (z.B. Stickstoff) verbunden. Die Bindung zwischen Anionenkomplex und Kation erfolgt über Ionenbindungen.

## KARBONATE

Diese Gruppe umfaßt eine beträchtliche Anzahl in der Natur sehr häufig vorkommender Mineralien. Mitunter handelt es sich auch um gesteinsbildende Massen, die Hauptbestandteil wichtiger Gesteine wie Kalkstein oder Dolomit und deren metamorpher Form, des Marmors, sind.

Bei den Karbonaten sitzt das Kohlenstoffatom im Zentrum eines von drei Sauerstoffatomen gebildeten Dreiecks. Dabei entsteht ein zweiwertiger Anionenkomplex, der die Grundstruktur dieser Mineralien bildet. Das Anion ($CO_3$)2- ist über eine Ionenbindung an die vielfach metallischen Kationen gebunden, die für die meisten Eigenschaften dieser Mineralien verantwortlich sind (spezifisches Gewicht, Farbe usw.).

In der Natur kommen etwa siebzig unterschiedliche Karbonate vor. Dabei kann es sich um Anhydrite oder Hydrate mit nur einem oder mehreren Kationen sowie zusätzlichen OH-Gruppen handeln Je nach Struktur unterscheidet man drei Gruppen:

- Kalkspatgruppe (trigonale Karbonate)

- Aragonitgruppe (rhombische Karbonate)

- Azuritgruppe (monokline Karbonate)

Bei den Mineralien der Kalkspat- und Aragonitgruppe hängt es von der Größe der metallische Kationen ab, ob sie im trigonalen (bei kleinem Ionenradius) oder im rhombischen (bei großem Ionenradius) System kristallisieren.

Calcium besitzt einen mittleren Ionenradius und ist mit zwei Kristallgitterstrukturen kompatibel. Deshalb zeigt Calciumcarbonat zwei polymorphe Modifikationen: Calcit (trigonales System) und Aragonit (rhombisches System).

Bei den Mineralien der Azurit-Gruppe verbindet sich das Karbonat-Radikal mit metallischen Kationen und OH-Gruppen.

Alle Karbonate sind bei Behandlung mit Salzsäure durch Aufbrausen von Kohlendioxid ($CO_2$) leicht erkennbar. Bis auf die Kupfer und Kobalt enthaltenden Vertreter sind sie farblos, weiß oder schwach verfärbt. Sie weisen grundsätzlich eine geringe bis mittlere Härte auf (max. 5).

## CALCIT (KALKSPAT)

**Etymologie:** griech. *chalis* ; lat. *calx* = Stein.
**Chemische Formel:** $CaCO_3$. Calcium kann im Rahmen einer isomorphen Substitution durch Mangan oder Eisen ersetzt werden.
**Kristallsystem:** trigonal.
**Aussehen:** in der Regel spatige Massen, die sich leicht in Rhomboeder spalten lassen. Die häufigen Kristalle kommen in zahlreichen Habitusformen vor. Häufige Verzwillingung.
**Eigenschaften:** Farbe: Calciumkarbonat ist farblos; Calcit kann je nach Verunreinigung jede beliebige Verfärbung annehmen. Strich: weiß. Glanz: glasartig oder matt. Bruch: muschelig, aufgrund der leichten Spaltbarkeit schwer festzustellen. Spaltbarkeit: vollkommen nach dem Rhomboeder. Härte: 3. Spezifisches Gewicht: 2,71.
**Entstehung und Vorkommen:** Calcit gehört zu den häufigsten Mineralien und ist gleichzeitig mit etwa 80 verschiedenen Rhomboedern und über 200 verschiedenen Skalenoedern das arten- und formenreichste Mineral überhaupt. Die Bildung erfolgt vorwiegend aufgrund sedimentärer und biologischer Prozesse (Schalen von Krebsen, Muscheln, Korallen usw.). Es kommt aber auch als Sekundärmineral in Eruptivgestein durch Verwitterung kalziumhaltiger Mineralien sowie als metamorphes Mineral in Marmor vor. Man findet es an zahlreichen Orten auf der ganzen Welt in großer Menge.
**Verwendung:** Calcit wird bei der Zementherstellung und zur Kalkgewinnung (überhalb 900° C wird $CO_2$ frei) verwendet. Außerdem dient es zur Verschönerung von Fassaden (Kalkstuck), Marmor als Bildhauermaterial und als Verblendmaterial im Bau.

## MAGNESIT (BITTERSPAT)

**Etymologie:** Der Name bezieht sich auf die chemische Zusammensetzung.
**Chemische Formel:** $MgCO_3$. Magnesium kann im Rahmen einer isomorphen Substitution durch Eisen ersetzt werden. Es besteht eine lückenlose isomorphe Reihe zwischen Magnesit und Siderit ($FeCO_3$).
**Kristallsystem:** trigonal. Die Struktur ähnelt Calcit.
**Aussehen:** in der Regel dichte fein- oder grobkörnige Massen, gelegentlich spatig, mit Spaltbarkeit nach dem Rhomboeder. Bei den seltenen Kristallen handelt es sich um flache Rhomboeder.
**Eigenschaften:** Farbe: farblos, weiß, gelblich oder grau. Strich: weiß. Glanz: glasartig. Bruch: muschelig. Spaltbarkeit: vollkommen nach dem Rhomboeder. Härte: 4 - 4,5. Spezifisches Gewicht: 3.
**Entstehung und Vorkommen:** Magnesit bildet sich als Verwitterungsprodukt von Serpentin nach Einwirkung kohlensäurehaltigen Wassers. Möglich ist auch eine metamorphe Bildung zusammen mit Talk und Glimmer. Gelegentlich entsteht das Mineral durch metasomatische Substitution des in Calcit enthaltenen Kalziums durch Magnesium. Die bedeutendsten Vorkommen befinden sich in der Steiermark (Österreich) und auf der Insel Euböa (Griechenland).
**Verwendung:** Magnesit dient zur Herstellung feuerfester Materialien und als Futterzusatz, damit Kühe mehr Wasser trinken und somit mehr Milch geben. Bis vor einigen Jahren wurde Magnesit noch als Magnesiumerz verwendet, heute gewinnt man dieses Element aus Meerwasser.

**Abb. 92.** Oben links: Verzwillingte Calcitkristalle (x1); Missouri (USA). Oben rechts: Geistercalcit (x1); Santa Eulalia del Río (Mexiko). Unten links: Septaria (20 cm), Utah (USA). Unten rechts: kristallographische Struktur von Calcit.

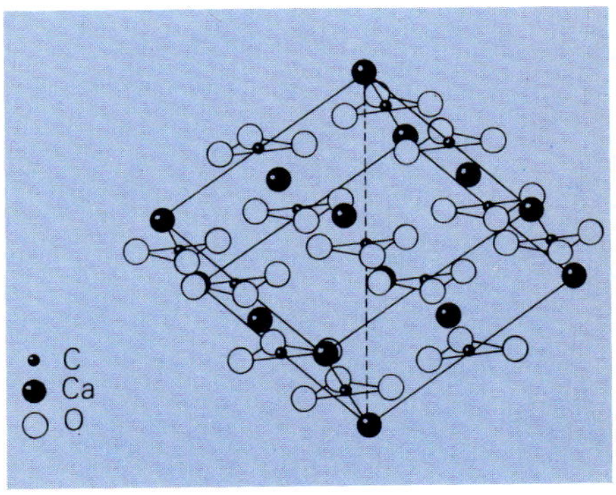

**Abb. 93.** Magnesit (x1); Rubián, Lugo (Spanien).

# Karbonate, Nitrate und Borate II

## SIDERIT (EISENSPAT)

**Etymologie:** griech. *sideros* = Eisen.
**Chemische Formel:** $FeCO_3$. Eisen kann im Rahmen einer isomorphen Substitution in jedem beliebigen Verhältnis von Magnesium und Mangan ersetzt werden. Aufgrund der ähnlichen Ionenradien bilden sich zwei lückenlose isomorphe Reihen bis zum Magnesit bzw. zum Rhodochrosit. Die Substitution von Eisen durch Kalzium ist dagegen schwierig und erfolgt nur in geringem Umfang.
**Kristallsystem:** trigonal.
**Aussehen:** erdige, dichte oder traubige Massen und Konkretionen. Die rhomboedrischen Kristalle sind in der Regel sehr flach.
**Eigenschaften:** Farbe: gelblich oder braun mit verschiedenen Schattierungen und metallischen Reflexionen. Bei hohem Mangangehalt ins Schwarze gehend. Strich: weiß-gelblich. Bruch: muschelig. Spaltbarkeit: vollkommen nach dem Rhomboeder. Härte: 4. Spezifisches Gewicht: 3,9.
**Entstehung und Vorkommen:** Siderit bildet sich in der Regel in Erzgängen. Es entsteht auch in sedimentären Lagerstätten in lakustrischen Bereichen aufgrund der Einwirkung organischer Materie auf das gelöste Eisendicarbonat unter Sauerstoffabschluß. Die bedeutendste Siderit-Lagerstätte (metasomatisch) stellt der Erzberg in Eisenerz (Steiermark, Österreich) dar.
**Verwendung:** Siderit ist ein sehr wichtiges Eisenerz, das vor dem Schmelzen geröstet wird.

## RHODOCHROSIT (MANGANSPAT)

**Etymologie:** griech. *rodochros* = rosafarbig.
**Chemische Formel:** $MnCO_3$. Das Mangan kann im Rahmen einer isomorphen Substitution bis zu einem Anteil von 25 Prozent in jedem belebigen Verhältnis durch Kalzium ersetzt werden. Gelegentlich erfolgt in geringerem Umfang auch eine Substitution durch Zink oder Magnesium.
**Kristallsystem:** trigonal.
**Aussehen:** in der Regel spatige, rosafarbene Massen oder traubige Massen stalaktitischen Ursprungs. Die rhomboedrischen Kristalle sind Calcit sehr ähnlich.
**Eigenschaften:** Farbe: rosa. Strich: weiß. Glanz: glasartig. Bruch: muschelig. Spaltbarkeit: vollkommen nach dem Rhomboeder. Härte: 4. Spezifisches Gewicht: 3,5.
**Entstehung und Vorkommen:** Rhodochrosit bildet sich in hydrothermalen Lagerstätten mittlerer und hoher Temperatur als Gangmineral diverser Metallerze. Auch sedimentäre Bildung. Die bedeutendsten Vorkommen befinden sich in Catamarca (Argentinien), insbesondere in Form großer, traubiger Massen. Kristalle finden sich vor allem in Peru.
**Verwendung:** Rhodochrosit wird hauptsächlich zu Schmucksteinen verarbeitet. Daneben ist es auch ein wichtiges Manganerz.

## SMITHSONIT (ZINKSPAT)

**Etymologie:** zu Ehren des britischen Chemikers J. Smithson, Gründer der Smithsonian Institution in den USA.
**Chemische Formel:** $ZnCO_3$. Das Zink kann im Rahmen einer isomorphen Substitution durch Eisen und Mangan ersetzt werden. Gelegentlich ist auch Kobalt enthalten..

**Kristallsystem:** trigonal.
**Aussehen:** Die seltenen, rhomboedrischen Kristalle ähneln Calcit-Kristallen. Meist traubige Aggregate, körnige und erdige Massen, Krusten und stalaktitische Massen.
**Eigenschaften:** Farbe: farblos oder weiß; bei isomorpher Substitution des Zinks auch andere Färbungen. Intensive Grünfärbung geht auf Malachitgehalt zurück. Strich: weiß. Glanz: glasartig. Bruch: uneben. Spaltbarkeit: vollkommen nach dem Rhomboeder. Härte: 5. Spezifisches Gewicht: 4,5.
**Entstehung und Vorkommen:** Smithsonit bildet sich durch Verwitterung von Zinkblende (Sphalerit, ZnS) unter Wassereinwirkung auf Kalkstein oder Dolomit. Das bedeutendste Vorkommen befindet sich in Tsumeb (Namibia).

## DOLOMIT

**Etymologie:** zu Ehren des französischen Geologen D. Dolomieu, der diese Gesteine erforschte.
**Chemische Formel:** $CaMg(CO_3)2$. Kalzium und Magnesium besetzen feste Plätze innerhalb des Gitters. Das Mineral unterscheidet sich insofern von Calcit und Magnesit, als aufgrund der unterschiedlichen Kationengröße keine isomorphe Substitution möglich ist. Möglich ist dagegen die isomorphe Substitution von Magnesium durch Eisen. Erfolgt diese Reaktion vollständig, liegt ein anderes Mineral vor: Ankerit.
**Kristallsystem:** trigonal. Die Struktur ähnelt Calcit.
**Aussehen:** in der Regel spatige und körnige Massen; auch kryptokristalline, dichte Massen, die die Grundlage des Gesteins Dolomit bilden. Die rhomboedrischen Kristalle sind oft in charakeristischer Weise sattelförmig gekrümmt.
**Eigenschaften:** Farbe: farblos, weiß, je nach Verunreinigung verschiedene Grautöne bis hin zu schwarz. Strich: weiß. Glanz: glasartig. Bruch: muschelig. Spaltbarkeit: vollkommen nach dem Rhomboeder. Härte: 4. Spezifisches Gewicht: 2,9.
**Entstehung und Vorkommen:** Dolomit bildet sich durch die metasomatische Umwandlung von Calcit. Es ist der wichtigste Bestandteil des Dolomits, eines dem Kalkstein ähnlichen Gesteins, das sich durch sekundäre Substitution bildet. Dolomit kann auch als Sekundärmineral auftreten. Die wichtigsten Vorkommen befinden sich in Österreich.
**Verwendung:** Dolomit dient zur Herstellung feuerfester Materialien und verschiedener Arten von Spezialzement.

**Abb. 96.** Smithsonit (x0,5); Tsumeb (Namibia).

**Abb. 94.** Siderit (x1); Somorrostro, Bilbao (Spanien).

**Abb. 95.** Links: Rhodochrosit (x0,5); Catamarca (Argentinien). Rechts: Rhodochrosit (Kristallgröße 2,5 cm); Tsumeb (Namibia).

**Abb. 97.** Dolomit (x0,5); Eugui, Navarra (Spanien).

# Karbonate, Nitrate und Borate III

## ARAGONIT

**Etymologie:** Der Name bezieht sich auf den Entdeckungsort Molina de Aragón (Guadalajara, Spanien).
**Chemische Formel:** $CaCO_3$. Bei dem Mineral handelt es sich um die instabile dimorphe Modifikation von Calcit. Das Kalzium kann im Rahmen einer isomorphen Substitution in geringem Unfang durch Barium Strontium und Blei ersetzt werden.
**Kristallsystem:** rhombisch.
**Aussehen:** verzwillingte oder nadelförmige Kristalle (Abb. 12) bzw. faserig-strahlige und spießige Aggregate.
**Eigenschaften:** Farbe: weiß, je nach Verunreinigung können auch andere Färbungen auftreten. Strich: weiß. Glanz: glasartig. Bruch: muschelig. Spaltbarkeit: keine. Härte: 4. Spezifisches Gewicht: 3.
**Entstehung und Vorkommen:** Aragonit kann sich auf vielfältige Weise bilden. Es kommt in maritimen und biologischen Ablagerungen sowie in festländischen Sedimenten mit Ton und Gips vor. Es tritt in tonigen Keuperschichten und in Form von Eisenblüte im Siderit des Erzberges von Eisenerz (Steiermark, Österreich) auf. Als unangenehm wird die Bildung von Aragonit in Warmwasserleitungen von Haushalten und Industrie angesehen, da die Leitungen mit der Zeit zuwachsen.
**Verwendung:** Keine.

## WITHERIT

**Etymologie:** zu Ehren des britischen Arztes W. Withering, der das Mineral entdeckte und erstmals analysierte.
**Chemische Formel:** $BaCO_3$. Barium kann in geringem Umfang durch Kalzium oder Strontium substituiert werden. Isomorph mit Aragonit.
**Kristallsystem:** rhombisch.
**Aussehen:** Kristalle stets verzwillingt und in pseudohexagonaler Pyramidenform. Auch in großen traubigen und körnigen Massen.
**Eigenschaften:** Farbe: farblos, weiß oder grau. Strich: weiß. Glanz: glasartig. Bruch: muschelig. Spaltbarkeit: undeutlich. Härte: 3,5. Spezifisches Gewicht: 4,3.
**Entstehung und Vorkommen:** Witherit bildet sich in hydrothermalen Metallerzgängen niedriger Temperatur, häufig vergesellschaftet mit Galenit. Die bedeutendsten Vorkommen befinden sich in Cumberland (Großbritannien).
**Verwendung:** Witherit ist selten. Es wird als Bariumerz verwendet.

## STRONTIANIT

**Etymologie:** Der Name bezieht sich auf die schottische Stadt Strontian, wo im Jahre 1790 von Crawford das Mineral identifiziert sowie das Element Strontium entdeckt wurden.
**Chemische Formel:** $SrCO_3$. Das Strontium kann in kleinerem Umfang durch Kalzium substituiert werden.
**Kristallsystem:** rhombisch.
**Aussehen:** faserige oder körnige Massen. Die Kristalle sind nadelig oder spießig und kommen meist in radialstrahligen Aggregaten vor. Häufige Zwillingsbildung in pseudohexagonalen Formen.
**Eigenschaften:** Farbe: farblos, weiß, gelblich oder grau. Strich: weiß. Glanz: glasartig. Bruch: muschelig. Spaltbarkeit: undeutlich. Härte: 3,5. Spezifisches Gewicht: 3,7.
**Entstehung und Vorkommen:** Strontianit bildet sich in hydrothermalen Gängen niedriger Temperatur, vergesellschaftet mit Metallerzen. Wirtschaftlich verwendbare Vorkommen befanden sich im Münsterland. Rezenter Abbau in der Steiermark (Österreich) und in Südfrankreich.
**Verwendung:** Strontianit ist ein wichtiges Strontiumerz, das vor allem in der Pyrotechnik zur Erzeugung von Farbeffekten dient. Weiterhin auch Bedarf in der Glas-, Keramik- und Stahlindustrie.

## CERUSSIT (WEISSBLEIERZ)

**Etymologie:** lat. *cerussa* = bleiweiß.
**Chemische Formel:** $PbCO_3$. Isomorph mit Aragonit.
**Kristallsystem:** rhombisch.
**Aussehen:** körnige oder faserige, gelegentlich auch erdige Massen. Die Kristalle sind meist so verzwillingt, daß sich geschlossene Formen oder Winkel von 60° mit pseudohexagonaler Gestalt ergeben.
**Eigenschaften:** Farbe: durchsichtig oder weiß. Strich: weiß. Glanz: diamanten. Bruch: muschelig. Spaltbarkeit: undeutlich in zwei Richtungen. Härte: 3. Spezifisches Gewicht: 6,5.
**Entstehung und Vorkommen:** Cerussit bildet sich als Verwitterungsprodukt von Galenit. Das weltweit bedeutendste Vorkommen befindet sich in Broken Hill (Australien).
**Verwendung:** Cerussit ist ein Bleierz.

## MALACHIT

**Etymologie:** griech. *malache* = Malve; malvenfarben, als Anspielung auf die grüne Färbung.
**Chemische Formel:** $Cu_2(OH)_2CO_3$.
**Kristallsystem:** monoklin.
**Aussehen:** traubige oder nierige Massen mit konzentrischen Krusten unterschiedlich intensiver Färbung. Auch als pseudomorphe Modifikation bei Verwitterung von Cuprit. Strahlige Kristallbüschel selten.
**Eigenschaften:** Farbe: von hell- bis dunkelgrün. Strich: hellgrün. Glanz: glasartig bis diamanten. Bruch: muschelig. Spaltbarkeit: vollkommen. Härte: 4. Spezifisches Gewicht: 4.
**Entstehung und Vorkommen:** Malachit bildet sich als Sekundärmineral in Kupferlagerstätten und ist daher sehr verbreitet. Die gegenwärtig bedeutendsten Vorkommen befinden sich in Katanga (Republik Kongo).
**Verwendung:** Malachit diente im Altertum als Farbstoff. Heute wird er als Schmuckstein verwendet. Wichtiger Anzeiger für Kupfervorkommen.

## AZURIT (KUPFERLASUR)

**Etymologie:** arab. *lazurd* = blau, aufgrund seiner Färbung.
**Chemische Formel:** $Cu_3(OH(CO)_3)2$.
**Kristallsystem:** monoklin.
**Aussehen:** dichte Massen, gelegentlich samtartig, und radialstrahlige Aggregate, häufige Krustenbildung. Die Kristalle weisen einen prismatischen Habitus auf und neigen zu starker Riefenbildung.
**Eigenschaften:** Farbe: intensive Blaufärbung. Strich: hellblau. Glanz: diamanten bis glasartig. Bruch: splittrig. Spaltbarkeit: keine. Härte: 4. Spezifisches Gewicht: 3,9.
**Entstehung und Vorkommen:** Azurit ist als Sekundärmineral ein Verwitterungsprodukt von Kupfersulfiden in carbonathaltiger Umgebung. Große Kristalle finden sich in Marokko; weitere Vorkommen gibt es in Chessy (Frankreich) und Tsumeb (Namibia).
**Verwendung:** Azurit wird zu Schmucksteinen verarbeitet.

**Abb. 98.** Aragonit mit Erythrin (Kristallgröße 1,5 cm); Bou-Azzer (Marokko).

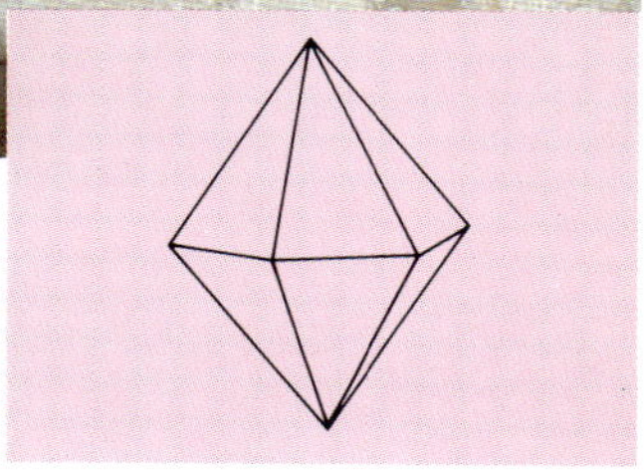

**Abb. 99.** Witherit (Kristallgröße max. 2,5 cm); Cumberland (Großbritannien). Rechts: Schematische Darstellung des Kristalls.

**Abb. 100.** Strontianit mit Kalkstein (5 cm); Illinois (USA).

**Abb. 101.** Cerussit (x1); Oujda (Marokko).

**Abb. 102.** Malachit (x1); Katanga (Republik Kongo).

**Abb. 103.** Azurit (9,5 cm); Oujda (Marokko).

# Karbonate, Nitrate und Borate IV

## NITRATE

Bei den natürlichen Nitraten handelt es sich um Salze der Salpetersäure. Sie treten in salinen Ablagerungen auf und sind, sowohl was ihre Anzahl als auch was ihre Menge betrifft, äußerst selten. Sie sind wasserlöslich und ähneln in ihrer Struktur den Carbonaten.

## NITRONATRIT (NATRONSALPETER, CHILESALPETER)

**Etymologie:** Der Name bezieht sich auf die chemische Bindung.
**Chemische Formel:** $NaNO_3$.
**Kristallsystem:** trigonal.
**Aussehen:** in der Regel weiße Massen oder Krusten. Die Kristalle gleichen Calcitkristallen.
**Eigenschaften:** Farbe: weiß bis rötlich oder gelbbraun. Strich: weiß. Glanz: glasartig. Bruch: uneben. Spaltbarkeit: vollkommen nach dem Rhomboeder. Härte: 1,5 - 2. Spezifisches Gewicht: 2,3.
**Entstehung und Vorkommen:** Nitronatrit bildet sich nur in sehr trockener Umgebung, da es leicht wasserlöslich ist. Die größten Vorkommen befinden sich in Nordchile.
**Verwendung:** Nitronatrit dient zur Gewinnung von Stickstoff und seinen Derivaten (Salpetersäure). Es wird als Düngemittel und zur Herstellung von Sprengstoffen (Nitroglycerin) verwendet.

## KALISALPETER (NITER)

**Etymologie:** Der Name bezieht sich auf die chemische Bindung.
**Chemische Formel:** $KNO_3$.
**Kristallsystem:** rhombisch.
**Aussehen:** in der Regel Krusten oder weiße Ausblühungen auf kaliumhaltigen Flächen. Die Kristallen gleichen Aragonitkristallen. Dazu gehört auch die Verzwillingung zu pseudohexagonalen Prismen.
**Eigenschaften:** Farbe: weiß. Strich: weiß. Glanz: glasartig. Bruch: uneben. Spaltbarkeit: vollkommen nach dem Prisma. Härte: 2. Spezifisches Gewicht: 2.
**Entstehung und Vorkommen:** Kalisalpeter bildet sich genauso wie Nitronatrit, ist aber seltener.
**Verwendung:** siehe Nitronatrit.

## BORATE

Die Borate weisen eine andere Struktur als Carbonate und Nitrate auf, da das Bor-Ion einen kleineren Radius besitzt. So ist es zwar auch von drei Sauerstoffatomen umgeben, doch sind die Bindungskräfte schwächer, weil es als dreiwertiges Element (+3) die drei Sauerstoffatome (-6) binden muß. Aus diesem Grund verbinden sich die dreieckigen $(BO_3)3$-Gruppen so miteinander, daß sich immer zwei Bor-Ionen ein Sauerstoffatom teilen. Dadurch entstehen endlose $(BO_2)$-Ketten, die sich über Ionenbindungen mit Metallen verbinden. In der Natur eine geringe Verbreitung.

## ULEXIT

**Etymologie:** zu Ehren des deutschen Chemikers Georg L. Ulex, dem Entdecker dieser Mineralienart.
**Chemische Formel:** $NaCaB_5O_9 \cdot 8H_2O$.
**Kristallsystem:** triklin. Prismatische Kristalle mit nadeligem Habitus, die sich zu Aggregaten anordnen.
**Aussehen:** charakteristische kugelige Aggregate, die aufgrund ihrer Erscheinungsform auch als »Wattebausch« bezeichnet werden.
**Eigenschaften:** Farbe: weiß oder farblos. Strich: weiß. Glanz: seidig. Bruch: uneben. Spaltbarkeit: vollkommen nach dem Prisma. Härte: 2,5. Spezifisches Gewicht: 1,96. Durch die sehr feinen, nadelförmigen Kristalle sind die Aggregate durchsichtig und wirken als optische Fasern, die Bilder so vollkommen übertragen können, als wären sie ins Innere des Steins projiziert.
**Entstehung und Vorkommen:** Ulexit bildet sich evaporitisch und kommt vergesellschaftet mit anderen Bormineralien in vielen Boraxseen und -sümpfen kontinentaler Wüstengebiete vor. Lagerstätten sind vor allem in Boron (USA) und Bigandic (Türkei).
**Verwendung:** Ulexit ist ein Grundstoff für die Gewinnung von Bor.

## BORAX

**Etymologie:** Der Name bezieht sich auf die chemische Zusammensetzung.
**Chemische Formel:** $Na_2B_4O_7 \cdot 10H_2O$.
**Kristallsystem:** monoklin.
**Aussehen:** häufig große prismatische Kristalle.
**Eigenschaften:** Farbe: farblos, weiß oder grau. Strich: weiß. Glanz: glasartig-harzig. Bruch: muschelig. Spaltbarkeit: vollkommen. Härte: 2 - 2,5. Spezifisches Gewicht: 1,8.
**Entstehung und Vorkommen:** Borax bildet sich analog zu Ulexit durch Austrocknung borhaltiger Salzseen. Das historisch wichtigste Vorkommen ist in Tibet. Heute wird das Mineral in Nordargentinien und vor allem in Kalifornien und Nevada (beide USA) abgebaut.
**Verwendung:** Borax ist der wichtigste Grundstoff für die Borgewinnung. Bor wird bei der Glasherstellung, in der chemischen und Pharmaindustrie sowie bei der Lederverarbeitung benötigt. Daneben dient es als Düngemittelzusatz, wird in der modernen Nuklearindustrie zur Absorption von Neutronen verwendet.

## COLEMANIT

**Etymologie:** zu Ehren von W. T. Coleman (San Francisco, USA), der das Mineral als erster kommerziell abbauen ließ.
**Chemische Formel:** $CaB_6O_{11} \cdot 5H_2O$.
**Kristallsystem:** monoklin.
**Aussehen:** große, dichte und körnige milchigweiße Massen; auch kristalline Aggregate. Kristalle in der Regel prismatisch und kaum entwickelt.
**Eigenschaften:** Farbe: weiß bis farblos. Strich: weiß. Glanz glasartig. Bruch: halbmuschelig. Spaltbarkeit: vollkommen nach dem Prisma. Härte: 4,5. Spezifisches Gewicht: 2,4.
**Entstehung und Vorkommen** Das Mineral bildet sich meist in lakustrischen sedimentären Lagerstätten mit hohem Borgehalt. Die wichtigsten Vorkommen befinden sich im Death Valley (Kalifornien, USA), Nordargentinien, Chile und in der Türkei.
**Verwendung:** Colemanit ist ein Grundstoff für die Borgewinnung.

**Abb. 104.** Bruchstücke vulkanischer Gesteine (dunkle Farbe), durch Nitronatrit und Halit zementiert; Antofagasta, (Chile).

**Abb. 105.** Ansicht des Fundorts der vorstehenden Probe.

**Abb. 106.** Ulexit (3,5 cm); Boron Lake, Kalifornien (USA). Der abgebildete Kristall besteht aus parallelen Fasern, die wie optische Fasern wirken und die Übertragung von Bildern an die Oberfläche ermöglichen. Aus diesem Grund wird Ulexit auch als »Fernsehstein« bezeichnet.

**Abb. 107.** Übertageabbau von Borax in einem ausgetrockneten Salzsee. La Puna (Argentinien).

**Abb. 109.** Boratabbau; Salar de Canchari, La Puna (Argentinien).

**Abb. 108.** Titalconit (10 cm); Boron Lake (USA). Titalconit bildet sich durch Dehydratation von Borax.

**Abb. 110.** Colemanit (x1); Guleiman (Türkei).

# Sulfate und Chromate I

Diese Klasse umfaßt mehr als 200 Arten, bei denen es sich in der Mehrzahl um Verwitterungsprodukte anderer Mineralien handelt.

Die Sulfate stellen die bekannteste und mit fast 200 Vertretern auch die größte Gruppe. Hierzu gehören auch häufig vorkommende und wirtschaftlich bedeutende Mineralien wie Gips und Baryt. Die Sulfate entstehen in sauerstoffreichen Zonen unter geringem Druck; daher erfolgt ihre Bildung an oder knapp unterhalb der Erdoberfläche. Fast alle diese Mineralien sind gut löslich, keines zeigt Metallglanz.

Die Chromate sind weit weniger zahlreich. Der bekannteste und bei Sammlern sehr geschätzte Vertreter ist Krokoit, in dem das Element Chrom entdeckt wurde.

## BARYT (SCHWERSPAT)

**Etymologie:** griech. *barys* = schwer, aufgrund des hohen spezifischen Gewichts.
**Chemische Formel:** $BaSO_4$.
**Kristallsystem:** rhombisch.
**Aussehen:** spatige Massen. Die häufigen und formenreichen Kristalle zeigen meist einen tafeligen – mitunter in fächerartigen Aggregaten – oder prismatischen Habitus.
**Eigenschaften:** Farbe: je nach Verunreinigung weiß, gelblich, rosa usw. In Reinform farblos. Die Kristalle können ebenfalls farblos, rosa, rauchfarben usw. gefärbt sein. Strich: weiß. Glanz: glasartig, an den Spaltflächen perlmuttartig. Bruch: muschelig. Spaltbarkeit: in drei Richtungen mit unterschiedlicher Vollkommenheit. Härte: 3 - 3,5. Spezifisches Gewicht: 4,3 - 4,6; für ein Mineral ohne Metallglanz besitzt Baryt ein hohes spezifisches Gewicht, woran man ihn schnell erkennen kann.
**Entstehung und Vorkommen:** Baryt bildet sich in hydrothermalen Gängen mittlerer oder geringer Temperatur, vergesellschaftet mit diversen Sulfiden. Mitunter auch Bildung in Sedimentgesteinen, wobei diese Vorkommen aber nur wenig Bedeutung haben. Das Mineral ist weit verbreitet.
**Verwendung:** Baryt wird überwiegend zur Herstellung von Farben und zur Glättung hochwertigen Papiers verwendet. Daneben kommt das Mineral auch in der Medizin (Bariumpapillen) als Kontrastmittel für röntgenologische Untersuchungen zum Einsatz. Häufig wird es auch zum Beschweren des Spülwassers bei Erdölbohrungen verwendet.

## COELESTIN

**Etymologie:** lat. *coelestis, celestial* = zum Himmel gehörig; aufgrund der Färbung des ersten gefunden Exemplars.
**Chemische Formel:** $SrSO_4$.
**Kristallsystem:** rhombisch. Die Struktur ist mit Baryt identisch.
**Aussehen:** tafelige oder langprismatische Kristalle, ähnlich denen von Baryt. Auch in körnigen Aggregaten.
**Eigenschaften:** Farbe: farblos oder häufig auch bläulichgrau, gelblich selten. Strich: weiß. Glanz: glasartig, an den Spaltflächen perlmuttartig. Bruch: muschelig. Spaltbarkeit: in drei Richtungen mit unterschiedlicher Vollkommenheit. Härte: 3 - 3,5. Spezifisches Gewicht: 4.
**Entstehung und Vorkommen:** Coelestin bildet sich selten in hydrothermalen Ganglagerstätten. Meist in maritimen Sedimenten (Kalke, Dolomit), häufig in Paragenese mit Schwefel. Es handelt sich um ein häufiges Mineral, das an vielen Orten der Erde vorkommt: z.B. Sizilien (Italien), Madagaskar, Ohio (USA).
**Verwendung:** Coelestin ist das wichtigste Strontiummineral.

## ANGLESIT

**Etymologie:** von der Insel *Anglesey* (Wales, Großbritannien), wo das Mineral entdeckt wurde.
**Chemische Formel:** $PbSO_4$.
**Kristallsystem:** rhombisch. Die Struktur ist mit Baryt und Coelestin identisch.
**Aussehen:** in körnigen oder erdigen Massen. Die Kristalle zeigen in der Regel einen tafeligen Habitus.
**Eigenschaften:** Farbe: farblos, mitunter mit einem leichten Stich ins Bläuliche, Gräuliche oder Gelbliche. Strich: weiß. Glanz: diamanten. Bruch: muschelig. Spaltbarkeit: in zwei Richtungen; in einer vollkommen, in der anderen undeutlich. Härte: 3. Spezifisches Gewicht: 6,3.
**Entstehung und Vorkommen:** Anglesit bildet sich durch Verwitterung von Galenit und anderer Bleisulfide; häufig vergesellschaftet mit Cerussit. Hydrothermale Bildung weit seltener. Schöne Exemplare findet man in Tsumeb (Namibia) und Marokko.
**Verwendung:** Anglesit ist ein sekundäres Bleierz.

## ANHYDRIT

**Etymologie:** griech. *anhydros* = ohne Wasser, wasserlos, trocken.
**Chemische Formel:** $CaSO_4$.
**Kristallsystem:** rhombisch.
**Aussehen:** in der Regel körnige Massen oder faserige Aggregate. Die seltenen Kristalle sind tafelig oder prismatisch.
**Eigenschaften:** Farbe: weiß, gelegentlich mit bläulichen, gräulichen oder rosa Färbungen. Kristalle können auch farblos sein. Strich: weiß. Glanz: je nach Spaltfläche glasartig, perlmuttartig oder fettig. Bruch: uneben. Spaltbarkeit: in drei Richtungen mit unterschiedlicher Vollkommenheit. Härte; 3,5 (höher als Gips). Spezifisches Gewicht: 3.
**Entstehung und Vorkommen:** Anhydrit bildet sich hauptsächlich evaporitisch und ist vergesellschaftet mit Steinsalz und Gips. Es kann sich auch durch die Wasserabgabe von Gips bilden. Anhydrit geht durch Wasseraufnahme unter Volumenausdehnung von etwa 60% (!) in Gips über und bildet dabei den sogenannten Schlangenalabaster. Die schönsten Kristalle wurden in Valais (Schweiz) gefunden.
**Verwendung:** Anhydrit wird in der Herstellung von Zement verwendet. Die körnige Varietät (Vulpinit) kommt in der Bildhauerei zur Anfertigung von Skulpturen zum Einsatz.

Abb. 111. Baryt auf Fluorit (7 cm); Illinois (USA).

Abb. 112. Coelestin (x0,5); Madagaskar.

Abb. 113. Anglesit (x5); Touissit, Oujda (Marokko).

Abb. 114. Anhydrit (12 cm); Chihuahua (Mexiko).

# Sulfate und Chromate II

## GIPS

**Etymologie:** lat. *gypsum* und griech. *gypsos*.
**Chemische Formel:** $CaSO_4 \cdot 2H_20$.
**Kristallsystem:** monoklin.
**Aussehen:** derbe Massen oder Kristalle mit tafeligem oder prismatischem Habitus. Häufige Verzwillingung.
**Eigenschaften:** Farbe: farblos, weiß, gelblich braun, schwarz usw. Strich: weiß. Glanz: glasartig, an den Spaltflächen perlmuttartig, bei faserigen Exemplaren seidig. Bruch: muschelig. Spaltbarkeit: in drei Richtungen mit unterschiedlicher Vollkommenheit. Härte: 2. Spezifisches Gewicht: 2,2 - 2,4.
**Entstehung und Vorkommen:** Gips bildet sich vorwiegend sedimentär. Es gehört zu den Mineralien, die als erste als Evaporite ausfallen. Die Ablagerung erfolgt bei Temperaturen unter 30° C, bei höheren Temperaturen bildet sich Anhydrit. Besonders bekannt sind die rosettenartigen Kristallaggregate, die als Wüstenrose bezeichnet werden. Sie bilden sich in trockenen Regionen durch aufsteigendes gipshaltiges Grundwasser.
**Verwendung:** Gips wird insbesondere als Baumaterial verwendet (Stuckgips, Mörtel). Die körnige und weiße Varietät (Alabaster) kommt in der Bildhauerei zum Einsatz.

## CHALKANTHIT (KUPFERVITRIOL)

**Etymologie:** griech. *chalkos* = Kupfer, *anthos* = Blüte; *Kupferblume*.
**Chemische Formel:** $CuSO_4 \cdot 5H_2O$.
**Kristallsystem:** triklin.
**Aussehen:** Stalaktiten mit radialstrahliger Struktur, derbe Massen, Ausblühungen oder Krusten. Kristalle sind selten und klein.
**Eigenschaften:** Farbe: verschiedene Blautöne; bei Eisengehalt auch grünlich. Strich: weiß. Glanz: glasartig. Bruch: muschelig. Spaltbarkeit: undeutlich in zwei Richtungen. Härte: 2,5. Spezifisches Gewicht: 2,3.
**Entstehung und Vorkommen:** Chalkanthit ist ein Sekundärmineral, das in der Oxidationszone von Kupfererzlagerstätten entsteht. Es bildet sich auch künstlich als Ausfällung aus einer wäßrigen Lösung. Aufgrund der guten Löslichkeit ist das Mineral nur in trockenen Regionen beständig. Größere Vorkommen befinden sich in Chuquicamata (Chile).
**Verwendung:** Chalkanthit ist ein Kupfererz. Kupfersulfat wird zudem in der Landwirtschaft als Pestizid verwendet.

## EPSOMIT (BITTERSALZ)

**Etymologie:** Das Mineral ist nach den Mineralquellen von Epsom (Großbritannien) benannt, wo es entdeckt wurde.
**Chemische Formel:** $MgSO_4 \cdot 7H_2O$. Das Mineral kann kleinere Mengen an Nickel und Kobalt enthalten.
**Kristallsystem:** rhombisch.
**Aussehen:** faserige Massen, Ausblühungen oder Konkretionen.
**Eigenschaften:** Farbe: weiß. Strich: weiß. Glanz: glasartig oder seidig. Bruch: muschelig. Spaltbarkeit: in zwei Richtungen. Härte: 2,5. Spezifisches Gewicht: 1,68. Geschmack bitter, salzig.
**Entstehung und Vorkommen:** Epsomit bildet sich durch Niederschlag von in Wasser gelöstem Magnesiumsulfat an den Wänden von Höhlen oder in anderen Hohlräumen. Die Ausscheidung in Seen ist seltener.
**Verwendung:** Bittersalz wurde früher als Abführmittel verwendet. Die Vorkommen in Epsom (Großbritannien) sind seit dem Altertum bekannt. Heute als Beize in der Färberei und zu medizinischen Zwecken angewandt.

## KROKOIT (ROTBLEIERZ)

**Etymologie:** griech. *krokos* = Safran, aufgrund der Färbung.
**Chemische Formel:** $PbCrO_4$. Das Mineral kann Beimengungen von Silber und Zink enthalten.
**Kristallsystem:** monoklin.
**Aussehen:** in der Regel lange und prismatische Kristallaggregate mit Längsstreifung, die in Hohlräumen aufwachsen.
**Eigenschaften:** Farbe: rot bis rot-orange. Strich: orange. Glanz: diamanten. Bruch: uneben. Spaltbarkeit: gut, in einer Richtung. Härte: 2,5 - 3. Spezifisches Gewicht: 6.
**Entstehung und Vorkommen:** Krokoit ist ein Sekundärmineral, das in der Oxidationszone von Bleierzlagerstätten vorkommt, die von chromhaltigem Gestein umgeben sind.
**Verwendung:** Krokoit ist so selten, daß er keine wirtschaftliche Bedeutung besitzt.

**Abb. 116.** Links: Gips (x2); Saragossa (Spanien). Rechts: Wüstenrose aus Gips (x0,5); Sahara (Algerien). Oben: Gips-Zwillingskristall, schematisch.

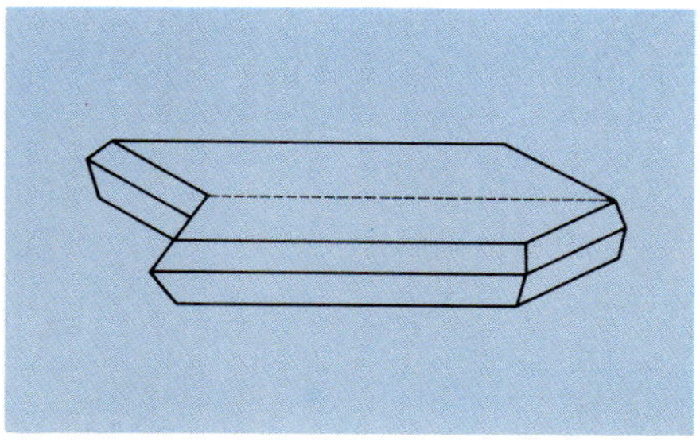

**Abb. 115.** Chalkanthit (x0,5); Montseny, Barcelona (Spanien).

**Abb. 117.** Epsomit (x1); Calatayud, Saragossa (Spanien).

**Abb. 118.** Krokoit (x1,5); Dundas (Tasmanien).

# Wolframate und Molybdate

Wolfram und Molybdän treten bei der Bildung ebenso wie Schwefel in sechswertiger Form auf und verbinden sich mit vier Sauerstoffatomen. Die entstehenden Anionenkomplexe verbinden sich wie die Sulfate mit metallischen Kationen. Im Gegensatz zu Schwefel besitzen diese beiden Ionen allerdings einen äußerst großen Radius. Aus diesem Grund bilden die vier Sauerstoffatome keinen regelmäßigen Tetraeder, sondern ordnen sich vielmehr in Form eines abgeplatteten Tetraeders an. Da Wolfram und Molybdän eine ähnliche Ionengröße besitzen ist eine isomorphe Substitution zwischen den beiden Elementen möglich. Aufgrund der unterschiedlichen Genese spielt die Isomorphie in Primärlagerstätten kaum eine Rolle. Aufgrund von Verwitterungseinflüssen kommt es bei der Sekundärbildung zu Isomorphieerscheinungen.

Diese Gruppe umfaßt nur wenige Vertreter, die aber umso bedeutender sind, da es sich dabei um die einzigen bekannten Wolframerze handelt.

## WOLFRAMIT

**Etymologie:** dt. *Wolfram*. Das Mineral wurde von Bergleuten so bezeichnet, da es häufig als Beimengung von Zinnerzen auftritt.
**Chemische Formel:** $(Fe,Mn)WO_4$. Es besteht eine isomorphe Reihe, bei der es zur Substitution zwischen Eisen und Mangan kommt. Die Endglieder der Reihe sind Ferberit ($FeWO_4$) und Hübnerit ($MnWO_4$); Wolframit stellt eine Mischung aus beiden Mineralien dar. Möglich ist in geringerem Umfang auch der Ersatz durch zweiwertige Elemente wie Magnesium.
**Kristallsystem:** monoklin.
**Aussehen:** körnige oder schalig-blättrige Massen. In der Regel stengelige bis dicktafelige, gut entwickelte und gestreifte Kristalle.
**Eigenschaften:** Farbe: je nach Eisen- oder Mangangehalt schwarz bis rötlich-braun. Strich: rötlich-braun. Glanz: halbmetallisch. Bruch: uneben. Spaltbarkeit: vollkommen in einer einzigen Richtung. Härte: 5 - 5,5. Spezifisches Gewicht: 7 - 7,5, je nach Eisengehalt.
**Entstehung und Vorkommen:** Wolframit bildet sich in hydrothermalen Gängen hoher Temperatur; es findet sich in geringeren Mengen auch in Pegmatitgängen.
**Verwendung:** Wolframit ist das wichtigste Wolframerz und wird hauptsächlich als Zusatz zu Stahl (W-Stahl) und zur Herstellung von Drähten sowie äußerst harter Legierungen für Werkzeuge benötigt (Wolframkarbid = Widia hat die Härte 10). Aufgrund seiner schweren Schmelzbarkeit (ca. 3400° C) wird reines Wolfram auch zu elektrischen Glühfäden verarbeitet.

## SCHEELIT

**Etymologie:** Zu Ehren des schwedischen Chemikers Carl Wilhelm Scheele, der im Jahre 1781 entdeckte, daß dieses Mineral Wolfram enthält.
**Chemische Formel:** $CaWO_4$. Wolfram kann im Rahmen einer isomorphen Substitution durch Molybdän ersetzt werden.
**Kristallsystem:** tetragonal.
**Aussehen:** häufig derbe, körnige Massen mit weißer oder gelblicher Färbung. Kristalle gewöhnlich mit oktaedrischem Habitus, seltener auch tafelig, und in der Regel gestreifte Flächen.
**Eigenschaften:** Farbe: farblos, gelblich-weiß oder rötlich. Strich: weiß. Glanz: glasartig. Bruch: uneben. Spaltbarkeit: vollkommen nach der Bipyramide. Härte: 4 - 5. Spezifisches Gewicht: 6.
**Entstehung und Vorkommen:** Scheelit bildet sich unter pegmatitisch-pneumatolytischen Bedingungen in Gegenwart von Calziumcarbonat, z. T. mit Wolframit. In kleineren Mengen kommt es häufig auch vergesellschaftet mit Graniten, Pegmatiten und in kontaktmetamorphen Lagerstätten vor. Die wirtschaftlich bedeutendsten Vorkommen befinden sich in Nevada (USA) und im Zillertal (Österreich).
**Verwendung:** Scheelit ist ein Wolframerz.

**Abb. 120.** Scheelit (Kristallgröße 2 cm); Barralha (Portugal).

## WULFENIT (GELBBLEIERZ)

**Etymologie:** zu Ehren des österreichischen Mineralogen Freiherr X. F. von Wülfen, dem Entdecker dieses Minerals.
**Chemische Formel:** $PbMoO_4$. Gelegentlich kommt es in geringem Umfang zur Substitution von Blei durch Kalzium.
**Kristallsystem:** tetragonal.
**Aussehen:** derbe Massen oder gelblich-rötliche Krusten. Die Kristalle sind in der Regel tafelig mit quadratischer Grundfläche; gelegentlich Pseudomorphosen nach Galenit.
**Eigenschaften:** Farbe: orange, rötlich oder grau; mitunter auch farblos. Strich: weiß. Glanz: fettig oder diamanten. Bruch: uneben. Spaltbarkeit: vollkommen in einer Richtung. Härte; 3. Spezifisches Gewicht: 6,7 - 6,9.
**Entstehung und Vorkommen:** Wulfenit ist ein Sekundärmineral, das sich in der Oxidationszone von Galenitlagerstätten findet. Schöne Exemplare stammen aus Arizona (USA).
**Verwendung:** Wulfenit wird gelegentlich zur Gewinnung von Molybdän abgebaut, auch wenn es als Erz nur geringe Bedeutung hat.

**Abb. 119.** Links: Wolframit (Ferberit) (Kristallgröße 6 cm); Panasqueira (Portugal). Rechts: Wolframit (Hübnerit) mit Quarz (Kristallgröße 2 cm); Pasto Bueno (Peru).

**Abb. 121.** Links: Wulfenit (Kristallgröße 1 cm); Red Cloud Mine, Arizona (USA). Rechts: Wulfenit (Kristallgröße 1,3 cm); Tsumeb (Namibia).

# Phosphate, Arseniate und Vanadate I

Bei der Bildung dieser Mineralien treten die Elemente Phosphor, Arsen und Vanadium fünfwertig auf. Sie besitzen ähnlich große Ionenradien und verbinden sich mit vier Sauerstoffatomen, die sich wie bei den Sulfaten an den Eckpunkten eines Tetraeders anordnen. Daher verfügt der Anionkomplex über drei freie Valenzen zur Bindung weiterer Elemente. Phophor, Arsen und Vanadium besetzen den Mittelpunkt des Tetraeders und können sich aufgrund ihrer ähnlich großen Ionenradien im Rahmen einer isomorphen Substitution gegenseitig ersetzen.

In der Natur kommen etwa 250 Phosphate vor, die aber meist sehr selten sind und keine wirtschaftliche Bedeutung haben.

Die Phosphatlagerstätten sind organischen Ursprungs und haben sich aus den Überresten von Lebewesen gebildet. Beim größten Teil der Vertreter dieser Gruppe handelt es sich um Sekundärmineralien.

## MONAZIT

**Etymologie:** griech. *monazein* = einsam sein.
**Chemische Formel:** $(Ce,La,Y,Th)PO_4$. Es handelt sich um ein Phosphat der Seltenen Erden. In der Regel kommen die in der Formel angegebenen Elemente vor, wobei der Ceranteil überwiegt (Th bis 19 %).
**Kristallsystem:** monoklin.
**Aussehen:** in der Regel in Form von Sandkörnern und Rollstücken als Verwitterungsprodukt saurer Gesteine. Die kleinen Kristalle sind häufig tafelig oder kurzprismatisch.
**Eigenschaften:** Farbe: gelblich oder rötlich. Strich: weiß. Glanz: diamanten. Bruch: muschelig. Spaltbarkeit: vollkommen in Richtung des Basispinakoids. Härte; 5 - 5,5. Spezifisches Gewicht: 5 - 5,3.
**Entstehung und Vorkommen:** Monazit kommt als Begleitmineral saurer Gesteine vor. Als Sandbestandteil sowie aufgrund der großen chemischen Beständigkeit und des hohen Gewichts findet man das Mineral zusammen mit anderen Schwermineralien (Ilmenit, Rutil, Zirkon usw.) in Seifenlagerstätten. Die bedeutendsten Vorkommen befinden sich in den Seifenlagerstätten von Minas Gerais und Bahia (Brasilien).
**Verwendung:** Monazit ist das wichtigste Thoriumerz. Dieses radioaktive Element wird zur Gewinnung von Reaktorbrennstoff benötigt (sogenanntes »Erbrüten« von spaltbarem Uran aus Thorium durch Neutronenbeschuß). Monazitsande sind außerdem das wichtigste Cer-Erz.

## APATIT

**Etymologie:** griech. *apatao* = sich täuschen, da man das Mineral früher häufig mit Edelsteinen verwechselte.
**Chemische Formel:** $Ca_5(F,Cl,H)(PO_4)_3$. Ca kann im Rahmen einer isomorphen Substitution durch Mn ersetzt werden, wodurch sich eine isomorphe Reihe ergibt. In geringerem Umfang erfolgt auch die Substitution durch andere zweiwertige Elemente.
**Kristallsystem:** hexagonal.
**Aussehen:** körnige und kompakte Massen sowie langsäulige, prismatische Kristalle, die in einer Pyramide auslaufen.
**Eigenschaften:** Farbe: je nach vorhandenen Kationen ist ein breites Farbspektrum möglich; meist gelblich, aber auch grün, blau oder violett. Strich: weiß. Glanz: glasartig. Bruch: uneben. Spaltbarkeit: sehr undeutlich in Richtung des Basispinakoids. Härte: 5. Spezifisches Gewicht: 3,1 - 3,2.
**Entstehung und Vorkommen:** Apatit ist ein sehr häufiges Begleitmineral magmatischer, sedimentärer und metamorpher Gesteine. Die wichtigsten Vorkommen befinden sich auf der Halbinsel Kola (Rußland), in Florida (USA) und auf verschiedenen Südseeinseln.
**Verwendung:** Die kryptokristalline Form des Apatit (Phosphorit) stammt zum Teil aus Vogelkot (Guano), dient als Dünger und kommt darüberhinaus in der chemischen Industrie zum Einsatz. Die durchsichtigen und bunten Kristalle werden trotz ihrer geringen Härte zu Schmucksteinen verarbeitet.

## PYROMORPHIT (GRÜNBLEIERZ, BRAUNBLEIERZ)

**Etymologie:** griech. *pyr* = Feuer und griech. *morphé* = Gestalt.
**Chemische Formel:** $Pb5Cl(PO_4)_3$. Phosphor kann im Rahmen einer isomorphen Substitution durch Arsen oder Vanadium ersetzt werden, wodurch eine isomorphe Reihe entsteht.
**Kristallsystem:** hexagonal.
**Aussehen:** nierenförmige, faserige und körnige Massen sowie kurze, prismatische und tonnenförmige Kristalle.
**Eigenschaften:** Farbe: grünlich gelb. Strich: weiß. Glanz: diamanten. Bruch: halbmuschelig. Spaltbarkeit: undeutlich. Härte: 3,5 - 4. Spezifisches Gewicht: 6,5 - 7,1.
**Entstehung und Vorkommen:** Pyromorphit ist ein Sekundärmineral, das in der Oxidationszone von Galenitlagerstätten vorkommt. Wichtige Fundorte befinden sich in Cornwall und Cumberland (Großbritannien) und Broken Hill (Australien). Besonders schöne Exemplare wurden in El Horcajo (Ciudad Real, Spanien) gefunden.
**Verwendung:** Pyromorphit hat keine wirtschaftliche Bedeutung, da das Mineral zu selten vorkommt.

## MIMETESIT (MIMETIT)

**Etymologie:** griech. *mimetes* = Nachahmer, da das Mineral Pyromorphit ähnelt.
**Chemische Formel:** $Pb5Cl(AsO_4)_3$. Das Mineral ist das Endglied einer isomorphen Reihe, die durch die Substitution von Phosphor durch Arsen bei Pyromorphit entsteht. Generell dem Pyromorphit sehr ähnlich.
**Kristallsystem:** hexagonal.
**Aussehen:** Die Kristalle ähneln denen von Pyromorphit. Das Mineral kommt auch in Form von Krusten und körnigen Massen vor.
**Eigenschaften:** Farbe: gelb-orange. Strich: weiß. Glanz: diamanten. Bruch: uneben. Spaltbarkeit: undeutlich. Härte: 3,5. Spezifisches Gewicht: 7 - 7,2.
**Entstehung und Vorkommen:** Entstehung siehe Pyromorphit. Die schönsten Kristalle wurden in Tsumeb (Namibia) gefunden.
**Verwendung:** Mimetesit hat keine wirtschaftliche Bedeutung.

**Abb. 122.** Monazit (x2); Iveland (Norwegen).

**Abb. 123.** Apatit (x3); Durango (Mexiko).

**Abb. 124.** Pyromorphit (6 cm); Ussel (Frankreich).

**Abb. 125.** Mimetesit (Kristallgröße 1 cm); Tsumeb (Namibia).

# Phosphate, Arseniate und Vanadate II

## VANADINIT

**Etymologie:** Anspielung auf den Vanadiumgehalt.
**Chemische Formel:** $Pb_5Cl(VO_4)_3$. Das Mineral ist das Endglied einer isomorphen Reihe, die durch Substitution von Phosphor durch Vanadium entsteht.
**Kristallsystem:** hexagonal.
**Aussehen:** körnige Formen oder Krusten. Prismatische Kristalle, auch in Form von Hohlprismen mit gerundeten Rändern.
**Eigenschaften:** Farbe: rot bis gelb. Strich: gelblich braun. Glanz: diamanten. Bruch: muschelig. Spaltbarkeit: keine. Härte: 3. Spezifisches Gewicht: 6,5 - 7.
**Entstehung und Vorkommen:** Vanadinit ist ein Sekundärmineral, das in der Oxidationszone von Galenitgängen gebildet wird und aufgrund seiner Zusammensetzung selten vorkommt.
**Verwendung:** Vanadinit ist ein wichtiges Vanadiumerz.

## LAZULITH (BLAUSPAT)

**Etymologie:** arab. *azaqun* = blau und griech. *lithos* = Stein.
**Chemische Formel:** $(Mg, Fe)Al_2(OHPO_4)_2$. Magnesium kann im Rahmen einer isomorphen Substitution durch Eisen ersetzt werden, wodurch sich eine isomorphe Reihe bildet.
**Kristallsystem:** monoklin.
**Aussehen:** gewöhnlich kompakte, körnige Aggregate. Die seltenen Kristalle zeigen einen prismatischen Habitus.
**Eigenschaften:** Farbe: grünlich blau. Strich: weiß. Glanz: glasartig. Bruch: uneben. Spaltbarkeit: keine. Härte: 5 - 6. Spezifisches Gewicht: 3.
**Entstehung und Vorkommen:** Das seltene Mineral bildet sich zusammen mit kieselsäurereichen metamorphen Gesteinen. Es kommt in den Quarziten in Salzburg und Tirol (Österreich) vor.
**Verwendung:** Lazulith wird zu Schmucksteinen verarbeitet.

## WAVELLITH

**Etymologie:** zu Ehren seines Entdeckers William Wavell.
**Chemische Formel:** $Al_3(OH)_3(PO_4)_3 \cdot 5H_2O$.
**Kristallsystem:** rhombisch.
**Aussehen:** radialstrahlige Kristallknollen; gelegentlich auch Krusten oder körnige Massen.
**Eigenschaften:** Farbe: grün oder gelblichweiß. Strich: weiß. Glanz: glasartig oder seidig. Bruch: halbmuschelig. Spaltbarkeit: gut, nach den Seiten des Prismas. Härte: 3,5 - 4. Spezifisches Gewicht: 2,4.
**Entstehung und Vorkommen:** Wavellith bildet sich in Schichtfugen und Klüften sedimentärer Gesteine wie Kieselschiefer und Grauwacke.
**Verwendung:** Vereinzelt zur Phosphorgewinnung abgebaut.

## TÜRKIS

**Etymologie:** *Stein der Türkei*, da die ersten Exemplare dieses Minerals aus der Türkei nach Europa kamen.
**Chemische Formel:** $CuAl_6(OH)_8(PO_4)_4 \cdot 4H_2O$. Aluminium kann im Rahmen einer isomorphen Substitution durch Eisen ersetzt werden.
**Kristallsystem:** triklin.
**Aussehen:** nierenförmige, kompakte Massen; auch Krusten oder kleine Körner.
**Eigenschaften:** Farbe: blau bis grün. Strich: weiß. Glanz: fettig. Bruch: muschelig. Spaltbarkeit: gut. Härte: 5,7. Spezifisches Gewicht: 2,7.
**Entstehung und Vorkommen:** Türkis bildet sich sekundär durch Verwitterung insbesondere saurer Vulkanite.
**Verwendung:** Türkis wird zu Schmucksteinen verwendet.

## VIVIANIT (BLAUEISENERZ)

**Etymologie:** zu Ehren des britischen Mineralogen J.G. Vivian.
**Chemische Formel:** $Fe_3(PO_4)_2 \cdot 8H_2O$.
**Kristallsystem:** monoklin.
**Aussehen:** knollige und erdige Massen, radialstrahlige Aggregate und gut entwickelte prismatische Kristalle.
**Eigenschaften:** Farbe: weiß, läuft aber an der Luft rasch grünlichblau an. Strich: weiß, läuft ebenfalls an Luft rasch grünlichblau an. Glanz: glas- bis perlmuttartig. Bruch: uneben. Spaltbarkeit: vollkommen in Pinakoid-Richtung. Härte: 1,5 - 2. Spezifisches Gewicht: 2,6 - 2,7.
**Entstehung und Vorkommen:** Vivianit kommt sekundär in den Verwitterungszonen von Kupfergängen bei Gegenwart phosphatreicher organischer Reste vor.
**Verwendung:** Vivianit hat keine wirtschaftliche Bedeutung.

## ERYTHRIN (KOBALTBLÜTE)

**Etymologie:** griech. *erythros* = rot.
**Chemische Formel:** $Co_3(AsO_4)_2 \cdot 8H_2O$. Kobalt kann im Rahmen einer isomorphen Substitution durch Nickel ersetzt werden, wodurch sich eine lückenlose isomorphe Reihe ergibt.
**Kristallsystem:** monoklin.
**Aussehen:** nierenförmige, erdige oder körnige Massen. Vertikal gestreifte, prismatische Kristalle.
**Eigenschaften:** Farbe: rot. Strich: rot. Glanz: diamanten. Bruch: uneben. Spaltbarkeit: vollkommen nach dem Prisma. Härte: 2 - 2,5. Spezifisches Gewicht: 3,1.
**Entstehung und Vorkommen:** Erythrin entsteht sekundär durch Verwitterung von kobalt- und arsenhaltigen Erzen (Arseniden).
**Verwendung:** Erythrin hat keine Bedeutung, da es sehr selten vorkommt; wichtig als Hinweis auf Kobalterze.

## AUTUNIT

**Etymologie:** Der Name leitet sich von der französischen Ortschaft Autun ab.
**Chemische Formel:** $Ca(UO_2)_2(PO_4)_2 \cdot 8\text{-}12H_2O$. Ca kann im Rahmen einer isomorphen Substitution durch Cu ersetzt werden (Torbernit); in geringerem Umfang auch durch andere Elemente.
**Kristallsystem:** tetragonal.
**Aussehen:** schuppige Aggregate oder blättrige Massen (Abb. 21).
**Eigenschaften:** Farbe: gelb bis hellgrün. Strich: hellgelb. Glanz: glasartig. Bruch: uneben. Spaltbarkeit: vollkommen nach dem Pinakoid. Härte: 2 - 2,5. Spezifisches Gewicht: 3,1 - 3,2.
**Entstehung und Vorkommen:** Autunit findet sich in den Verwitterungszonen von Uranvorkommen.
**Verwendung:** Autunit wird zur Urangewinnung verwendet.

**Abb. 126.** Vanadinit (x1,5); Mibladen (Marokko).

**Abb. 127.** Lazulith (x5); Yukon (USA).

**Abb. 129.** Türkis (x3); Jorasán (Iran).

**Abb. 128.** Wavellit (x2); Arkansas (USA).

**Abb. 130.** Vivianit (Kristallgröße 5 cm); Oruro (Bolivien).

**Abb. 131.** Erythrin (x1); Bou-Azzer (Marokko).

# Silikate: Allgemeine Eigenschaften und Einteilung

Die Gesteine der Erdkruste setzen sich zu mehr als 90 Prozent aus Silikaten zusammen. (Davon entfallen 60 Prozent auf Feldspate, 12 Prozent auf Quarz, 15 Prozent auf Olivin, Pyroxene und Amphibole sowie 3 Prozent auf Glimmer. Alle anderen Silikate liegen in geringen Mengen als Begleitmineralien vor). Bei den übrigen zehn Prozent handelt es sich hauptsächlich um Oxide (4 Prozent) und Karbonate (3 Prozent). Daher handelt es sich bei den Hauptbestandteilen dieser Mineralien – Silicium, Sauerstoff und Aluminium – um die häufigsten Elemente (Sauerstoff 57 Prozent Silicium 28 Prozent, Aluminium 8 Prozent). Die anderen Elemente des Periodensystems kommen in der Erdkruste nur in geringen Mengen vor.

In der Natur findet man etwa 500 Silikatarten, von denen etwa 40 häufig, die übrigen selten vorkommen. (Insgesamt umfassen die Silikate etwa 25 Prozent aller bekannten Mineralienarten). Der Grundbaustein aller Silikate – das $[SiO_4]^{4-}$ Komplexanion – besteht aus einem Siliziumatom, das sich im Zentrum eines aus vier Sauerstoffatomen gebildeten Tetraeders befindet. Aufgrund der starken vom Komplexanion ausgehenden Bindungskräfte ist diese Struktur sehr stabil und verbindet sich mit anderen Elementen, um die vier negativen Ladungen auszugleichen. Wegen des ähnlich großen Ionenradius ist Aluminium einerseits in der Lage, das Siliciumatom im Zentrum des Tetraeders isomorph zu ersetzen und andererseits, wie andere Metalle auch, unter Ausbildung einer Ionenbindung als Kation aufzutreten.

Die tetraedrischen $[SiO_4]^{4-}$ Komplexanionen können sich an den Scheitelpunkten miteinander verbinden, wobei sie sich je nach Verbindungstyp ein, zwei, drei oder vier Sauerstoffatome miteinander teilen. Die entstehenden Ketten verbinden sich zur Neutralisierung der elektrischen Ladungen mit metallischen Kationen. Die Kationen können sich nun ihrerseits je nach Größe des Ionenradius gegenseitig ersetzen und isomorphe Reihen bilden. Die Komplexität der Tetraederstrukturen hängt hauptsächlich von den bei der Mineralentstehung herrschenden Temperaturen ab: bei hohen Temperaturen bilden sich isolierte Tetraeder (Olivin) oder kurze Ketten. Je tiefer die Temperaturen, umso komplexer werden die Strukturen, bis hin zu einem fest vernetzten Gerüst in den drei Raumrichtungen (Quarz).

Die Einteilung der Silikate beruht auf den Strukturmerkmalen der Tetraeder. Bis zur Endeckung der Röntgenstrahlung war man davon ausgegangen, daß es sich bei den Silikaten um die Salze verschiedener Säuren handelte, die man durch die theoretische Addition von Wassermolekülen zur hypothetischen Orthokieselsäure ($H_4SiO_4$) ableitete.

Heute teilt man die Silikate in sechs Gruppen ein:

**Neso- oder Inselsilikate:** Bei ihnen liegt das tetraedrische $[SiO_4]^{4-}$ Komplexanion isoliert vor und verbindet sich mit zwei- oder dreiwertigen metallischen Kationen unter Ausbildung von Ionenbindungen. Der Zusammenhalt zwischen den isolierten Tetraedern erfolgt über Sauerstoff-Kation-Sauerstoff-Bindungen. Die Nesosilikate entsprechen der allgemeinen chemischen Formel $X_3Y_2[SiO_4]_3$, wobei X und Y die zwei- bzw. dreiwertigen Kationen bezeichnen. Die Mineralien dieser Gruppe werden bei extrem hohen Temperaturen gebildet.

**Soro- oder Gruppensilikate:** Bei ihnen schließen sich zwei tetraedrische Anionenkomplexe unter gemeinsamer Nutzung eines Sauerstoffatoms zusammen. Der entstehende Komplex hat die chemische Formel $[Si_2O_4]^{10-}$. Die zehn negativen Ladungen werden unter Ausbildung von Ionenbindungen über metallische Kationen und Hydroxylgruppen ($OH^-$) ausgeglichen.

**Cyclo- oder Ringsilikate:** Sie bestehen aus mehreren ringförmig angeordneten Tetraedern, die sich immer jeweils ein Sauerstoffatom teilen. Diese Ringe können sich aus drei $[Si_3O_9]^{6-}$, vier $[Si_4O_{12}]^{8-}$ oder sechs $[Si_6O_{18}]^{12-}$ Tetraedern zusammensetzen. Sie verteilen sich auf parallele Schichten, die durch Metallionen (im Falle von Beryll-Aluminium und Beryllium) fest miteinander verbunden sind. Das hat zur Folge, daß diese Mineralien nach der Basis des Prismas undeutlich spaltbar sind.

**Ino- oder Kettensilikate:** Bei ihnen ist jeder Tetraeder mit zwei weiteren Tetraedern verbunden. Die Vertreter dieser Gruppe entsprechen der allgemeinen chemischen Formel X,Y $[Si_2O_6]^{4-}$, wobei X und Y die zwei- bzw. dreiwertigen metallischen Kationen bezeichnen. Gelegentlich verbinden sich solche einfachen Ketten unter gemeinsamer Nutzung mehrerer Sauerstoffatome spiegelbildlich miteinander zu Doppelketten mit der allgemeinen chemischen Formel X,Y $[Si_4O_{11}]^{6-}$, wobei X und Y wiederum die entsprechenden zwei- und dreiwertigen metallischen Kationen bezeichnen. Mineralien mit einer einfachen Kettenstruktur werden als Pyroxene, die mit einer doppelten Kettenstruktur als Amphibolen bezeichnet.

**Phyllo- oder Schichtsilikate:** Sie bestehen aus schichtweise miteinander verbundenen Tetraedern. Die zwischen den einzelnen Schichten herrschenden Bindungskräfte sind nur äußerst schwach, deshalb zeigen die Vertreter dieser Gruppe eine ausgeprägte und charakteristische Spaltbarkeit (Glimmer). Die Struktur läßt viel Zwischenraum für die Einlagerung zusätzlicher Komplexanionen und Wassermoleküle, die das Mineral hydratisieren (Ton). Es erfolgen auch zahlreiche isomorphe Substitutionen, die zur Entstehung diverser isomorpher Mischreihen führen.

**Tekto- oder Gerüstsilikate:** Sie setzen sich aus einem Netzwerk dreidimensional untereinander verbundener Tetraeder zusammen. Dieses Netz ist aufgrund der starken Bindungskräfte sehr stabil und elektrisch neutral. Die allgemeine chemische Formel lautet: $[SiO_2]^0$ (Quarz). Da bei dieser Gruppe keine Neutralisierung der elektrischen Bindungskräfte durch Zugabe weiterer Anionen erforderlich ist, umfaßt sie ausschließlich das Mineral Quarz. Erfolgt jedoch eine isomorphe Substitution von Silicium durch Aluminium, entsteht eine freie Ladung zur Aufnahme zusätzlicher Kationen, wodurch sich weitere Mineralien bilden.

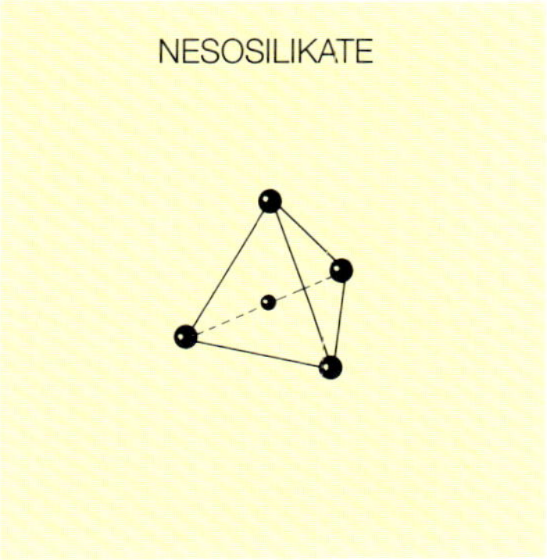


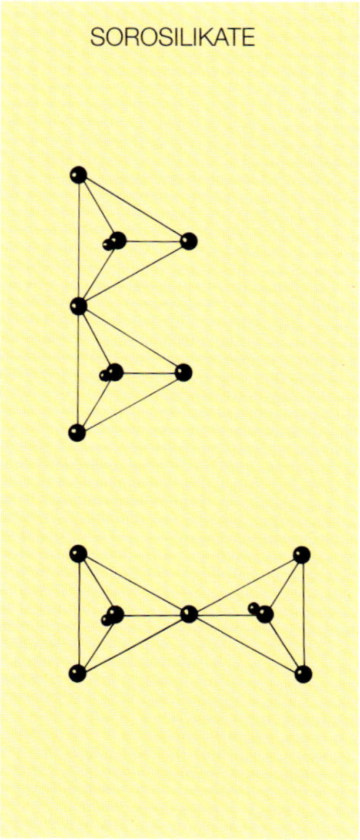


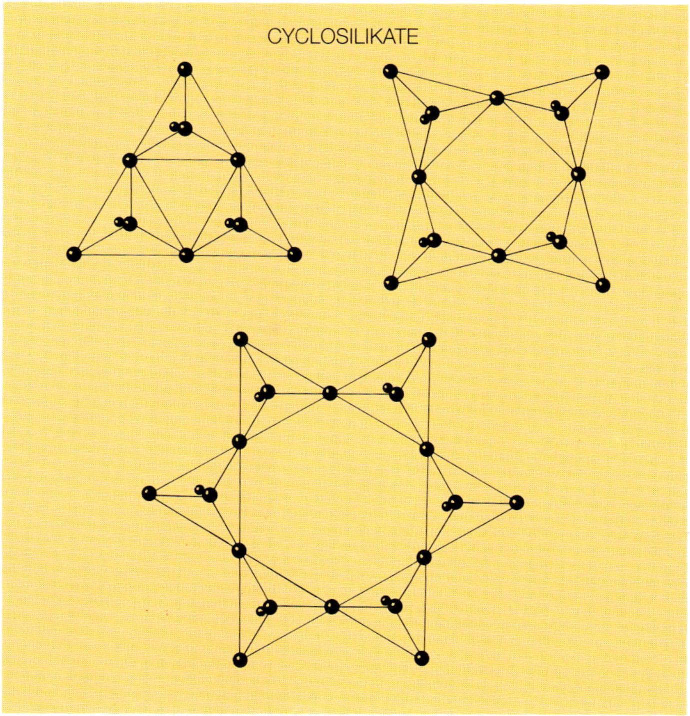


**Abb. 132.** Der Grundbaustein sämtlicher Silikatstrukturen ist ein Tetraeder. Im Mittelpunkt befindet sich ein Siliciumatom, die Scheitelpunkte werden von vier Sauerstoffatomen gebildet. Die Tetraeder können isoliert auftreten oder sich unter gemeinsamer Nutzung eines oder mehrerer Sauerstoffatome mit anderen verbinden.

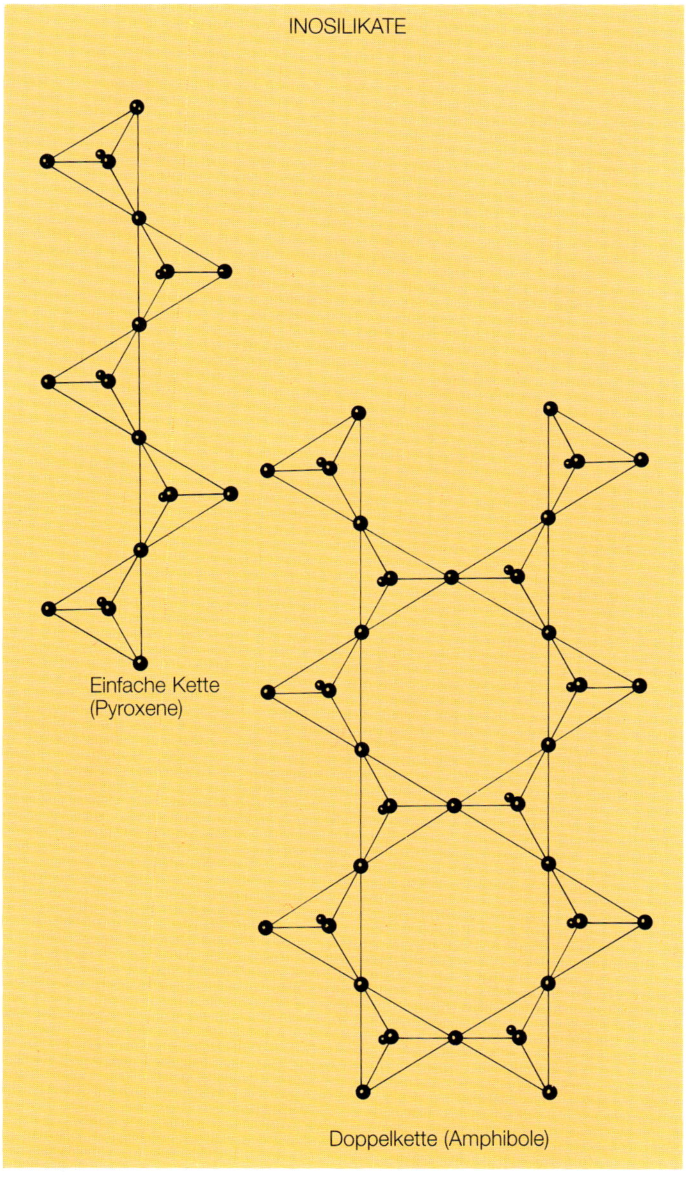

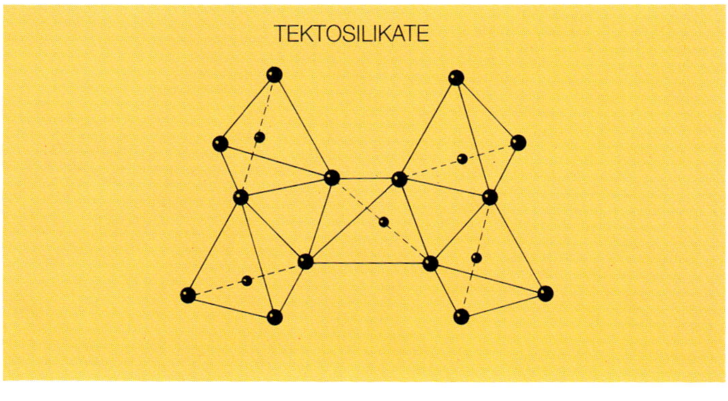

# Silikate: Nesosilikate I

## WILLEMIT

**Etymologie:** zu Ehren des früheren niederländischen Königs Wilhelm I.
**Chemische Formel:** $Zn_2[SiO_4]$. Das Mineral kann kleinere Mengen Mangan und Eisen enthalten. Bei hohem Mangangehalt spricht man von Troostit.
**Kristallsystem:** trigonal.
**Aussehen:** kleine Kristalle mit prismatischem Habitus selten. Meist körnige, faserige oder radialstrahlige Aggregate.
**Eigenschaften:** Farbe: gelegentlich farblos, sonst grünlich, gelblich, rötlich usw. Strich: weiß. Glanz: glasartig bis fettig. Bruch: uneben. Spaltbarkeit: deutlich in einer einzigen Richtung. Härte: 5,5. Spezifisches Gewicht: 4 - 4,2.
**Entstehung und Vorkommen:** Willemit ist selten und bildet sich in der Regel in der Oxidationszone von Zinklagerstätten. Größere Vorkommen befinden sich unter anderem in New Jersey (USA) und in Chihuahua (Mexiko).
**Verwendung:** Willemit ist ein Zinkerz.

## OLIVIN (PERIDOT, CHRYSOLITH)

**Etymologie:** lat. *olivus,* wegen der olivgrünen Farbe. Durchsichtiger und klarer Olivin wird Peridot genannt und ist als Edelstein sehr begehrt: griech. *peridona* = in Fülle geben, ein Hinweis auf den Flächenreichtum der Kristalle. Der Begriff wurde von den Edelsteinschleifern in Gonville geprägt.
**Chemische Formel:** $(Mg,Fe)_2[SiO_4]$. Das Mineral bildet eine isomorphe Mischreihe, die von Forsterit $Mg_2[SiO_4]$ bis zu Fayalit ($Fe_2[SiO_4]$ reicht. Bei Olivin handelt es sich um ein Mischmineral dieser Reihe, das zu 10 bis 30 Prozent aus Forsterit und zu 70 bis 90 Prozent aus Fayalit besteht.
**Kristallsystem:** rhombisch.
**Aussehen:** körnige Massen, teilweise beträchtlicher Größe. Die seltenen Kristalle weisen einen prismatischen Habitus mit gelegentlich gerundeten Winkeln auf (Abb. 28).
**Eigenschaften:** Farbe: olivgrün; bei Verwitterung können Variationen auftreten. Die übrigen Vertreter der Reihe weisen unterschiedliche Färbungen auf (Forsterit: fast farblos mit einem Stich ins Gelbgrüne. Fayalit: olivgrün bis gelb). Strich: weiß. Glanz: glasartig. Bruch: muschelig. Spaltbarkeit: in zwei Richtungen mit unterschiedlicher Qualität. Fayalit zeigt die beste Spaltbarkeit von allen Mineralien der Reihe. Härte: 6,5 - 7. Spezifisches Gewicht: 3,4 - 4,2.
**Entstehung und Vorkommen:** Olivin ist magmatischer Herkunft und kommt in basischem Gestein vor. Schöne Kristalle, wenn auch in geringen Mengen, finden sich auf der Insel Seberget im Roten Meer (Ägypten). In basischen Laven kommen körnige Aggregate vor.
**Verwendung:** Durchsichtige Olivinkristalle werden zu Schmucksteinen verarbeitet.

## GRANATE (GRANATGRUPPE)

**Etymologie:** lat. *granum* = Korn. Vermutlich wurde der Name aufgrund der Ähnlichkeit des Minerals mit den Körnern des Granatapfelbaums eingeführt.
**Chemische Formel:** $X_3,Y_2[SiO_4]_3$, wobei mit X die zweiwertigen und mit Y die dreiwertigen Ionen bezeichnet werden. Je nach kationischer Zusammensetzung unterscheidet man folgende Arten:

| | |
|---|---|
| Mg und Al | **Pyrop** |
| Fe und al | **Almandin** |
| Mn und Al | **Spessartin** |
| Ca und Al | **Grossular** |
| Ca und Fe | **Andradit** |
| Ca und Cr | **Uwarowit.** |

**Kristallsystem:** kubisch.
**Aussehen:** gewöhnlich isolierte, gut ausgebildete Kristalle von teilweise beträchtlicher Größe.
**Eigenschaften:** Farbe: je nach Varietät: Pyrop: intensiv rot bis dunkelrot; Almadin: rot; Spessartin: braun, rot, orange oder gelb; Grossular: gelb, orange oder blaßgrün; Andradit: gelb, rot, schwarz oder grün; Uwarowit: smaragdgrün (Abb. 29). Strich: weiß. Glanz: glasartig bis diamanten. Bruch: uneben. Spaltbarkeit: keine bzw. sehr undeutlich in einer Richtung. Härte: 6,5 - 7,5. Spezifisches Gewicht: 3,5 - 4,25.
**Entstehung und Vorkommen:** Granate bilden sich je nach Varietät in unterschiedlichen Bereichen. Sie finden sich in regional- und kontaktmetamorph entstandenem Gestein, in Skarnen und zusammen mit Diamanten in Kimberlit. In Eruptivgestein und Seifen sind sie eher selten.
**Verwendung:** Granat wird als Schleifmittel verwendet. Durchsichtige und schön gefärbte Exemplare sind als Edelstein begehrt und werden in der Schmuckindustrie verwendet.

## ZIRKON (HYAZINTH)

**Etymologie:** pers. *zar* = Gold und *gun* = Farbe.
**Chemische Formel:** $Zr[SiO_4]$. Das Mineral kann kleinere Mengen anderer Elemente wie Hafnium, Uran, Thorium, Tantal usw. enthalten.
**Kristallsystem:** tetragonal.
**Aussehen:** Das Mineral tritt nie in unregelmäßigen Massen auf. Es kommt häufig als Begleitmineral in verschiedenen magmatischen Gesteinen vor. Aufgrund seiner hohen chemischen und mechanischen Beständigkeit findet es sich auch in Form von Körnern in Sanden. Die Kristalle besitzen einen prismatischen Habitus.
**Eigenschaften:** Farbe: farblos; häufig auch rötlich, bräunlich, gräulich und grünlich gefärbt. Strich: weiß. Glanz: diamanten; an den Spaltflächen fettig. Bruch: muschelig. Spaltbarkeit: undeutlich in einer Richtung. Härte: 7,5. Spezifisches Gewicht: 4,7.
**Entstehung und Vorkommen:** Zirkon ist ein Gemengeteil magmatischer Gesteine. Größere Kristalle bilden sich in sauren Pegmatiten, in Basalt und in Metamorphiten. Durch Auswaschung aus diesen Gesteinen findet er sich hauptsächlich auch in Seifen. Schöne Exemplare sind aus Norwegen, Sri Lanka, Birma, Kambodscha und Thailand bekannt.
**Verwendung:** Die durchsichtige, gelbrote Zirkon-Varietät Hyazinth ist ein begehrter Edelstein und wird, wie auch andere schöne Kristalle, zu Schmuck verarbeitet. Daneben dient Zirkon zur Gewinnung der Elemente Zirkonium, Hafnium und Thorium.

Abb. 133. Willemit (x1); Franklin, New Jersey (USA).

Abb. 134. Olivin (x1,5); Canet de Adri, Girona (Spanien).

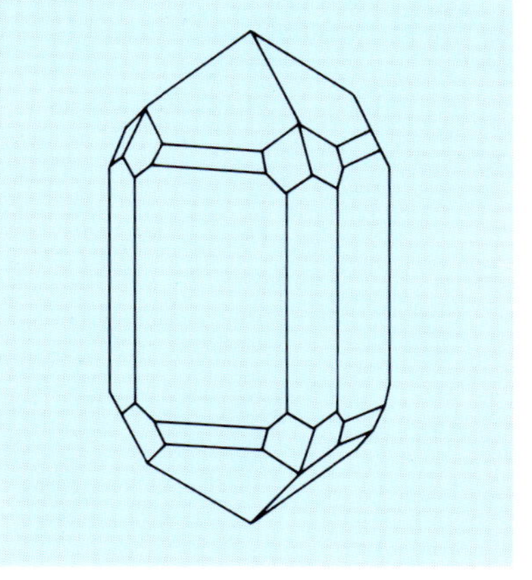

Abb. 136. Oben: Kristallform des Zirkons. Unten: Zirkon (Kristallgröße 5 cm); Seiland (Norwegen).

Abb. 135. Almandin auf Glimmerschiefer (Kristallgröße 3 cm); Tirol (Österreich).

# Silikate: Nesosilikate II

## ANDALUSIT

**Etymologie:** Der Name geht auf die spanische Provinz Andalusien zurück.
**Chemische Formel:** $Al_2[O/SiO_4]$.
**Kristallsystem:** rhombisch. Das Mineral besitzt in Cyanit und Sillimanit zwei polymorphe Modifikationen.
**Aussehen:** unregelmäßige Massen, gelegentlich körnig oder radialstrahlig. Die prismatisch pseudohexagonalen Kristalle besitzen einen quadratischen Querschnitt.
**Eigenschaften:** Farbe: grau, rötlichgrau, rosa, gelblich usw. Strich: weiß. Glanz: glasartig. Bruch: uneben. Spaltbarkeit: undeutlich in zwei Richtungen. Härte: 7,5. Spezifisches Gewicht: 3,2.
**Entstehung und Vorkommen:** Andalusit ist ein charakteristisches metamorphes Mineral in Glimmerschiefern, Gneisen und im inneren Kontakthof von Graniten. Toniges Material aluminiumreicher Gesteine als Edukte sind Voraussetzung für die Entstehung. Zu den Fundorten zählen White Mountain in Kalifornien (USA), Sri Lanka und Brasilien.
**Verwendung:** Andalusit wird zu Schmuckstein verarbeitet und kommt bei der Herstellung feuerfester Keramik zum Einsatz.

## SILLIMANIT

**Etymologie:** zu Ehren des US-amerikanischen Chemikers und Geologen B. Silliman.
**Chemische Formel:** $Al_2[O/SiO_4]$.
**Kristallsystem:** rhombisch. Das Mineral besitzt in Cyanit und Andalusit zwei polymorphe Modifikationen.
**Aussehen:** Gewöhnlich feinfaserige Massen (Fibrolith) oder Rollsteine.
**Eigenschaften:** Farbe: grau, grau-gelb oder grünlich. Strich: weiß. Glanz: glasartig oder fettig; faserige Aggregate seidig. Bruch: uneben. Spaltbarkeit: vollkommen in einer Richtung. Härte: 6 - 7. Spezifisches Gewicht: 3,25.
**Entstehung und Vorkommen:** Sillimanit tritt als Begleitmineral in metamorphen Gesteinen auf, aber auch in Pegmatiten und Quarzgängen.
**Verwendung:** Sillimanit hat teilweise Edelsteinqualität (vor allem aus Birma) und wird in der Schmuckindustrie verwendet.

## CYANIT (DISTHEN)

**Etymologie:** griech. *kyanos* = stahlblau.
**Chemische Formel:** $Al_2[O/SiO_4]$.
**Kristallsystem:** triklin. Das Mineral besitzt in Sillimanit und Andalusit zwei polymorphe Modifikationen.
**Aussehen:** in der Regel faserige oder radialstrahlige Aggregate. Isolierte Kristalle selten.
**Eigenschaften:** Farbe: blaßblau; gelegentlich auch andere Färbung. Strich: weiß. Glanz: glasartig oder perlmuttartig an den Spaltflächen; faserige Aggregate seidig. Bruch: splittrig. Spaltbarkeit: vollkommen in der einen und deutlich in der anderen Richtung. Härte: Typisch ist die je nach Richtung unterschiedliche Härte, die in Längsrichtung etwa 4, quer dazu 6 - 7 beträgt. Spezifisches Gewicht: 3,6.
**Entstehung und Vorkommen:** Cyanit entsteht bei der Metamorphose aluminiumreicher Gesteine unter hohem Druck. Größere Vorkommen befinden sich in Tirol (Österreich), Minas Gerais (Brasilien) und im Tessin (Schweiz).
**Verwendung:** Cyanit wird gelegentlich als Edelstein geschliffen.

## TOPAS

**Etymologie:** griech. *topazion* = Topas. Vermutlich nach der Insel Topazos im Roten Meer.
**Chemische Formel:** $Al_2\ [F_2SiO_4]$. Ein bestimmter Prozentsatz an Fluor kann aufgrund der ähnlichen Ionenradien durch OH-Gruppen ersetzt werden.
**Kristallsystem:** rhombisch.
**Aussehen:** kristalline Massen; in der Regel vertikal gestreifte Kristalle, aufgewachsen.
**Eigenschaften:** Farbe: am bekanntesten ist der gelbe Topas. Strich: weiß. Glanz: glasartig. Bruch: muschelig bis uneben. Spaltbarkeit: vollkommen in einer Richtung. Härte: 8. Spezifisches Gewicht: 3,5.
**Entstehung und Vorkommen:** Topas kommt als typisch pegmatitisch-pneumatolytische Bildung vor. Aufgrund seiner Widerstandfähigkeit findet er sich auch in Gold- und Edelsteinseifen. Fundorte sind Sibirien (Rußland), Minas Gerais (Brasilien), Namibia.
**Verwendung:** Topas wird zu Schmucksteinen verarbeitet.

## STAUROLITH

**Etymologie:** griech. *stauros* = Kreuz und griech. *lithos* = Stein, aufgrund der häufig auftretenden kreuzförmigen Zwillinge.
**Chemische Formel:** $Al_2FeSi_2O_{10}[OH]_2$.
**Kristallsystem:** monoklin.
**Aussehen:** In der Regel prismatische Kristalle, oft als Durchwachsungszwillinge (Abb. 139).
**Eigenschaften:** Farbe: rot bis braun oder schwarz. Strich: weiß. Glanz: glasartig. Bruch: uneben. Spaltbarkeit: schlecht in einer einzigen Richtung. Härte: 7 - 7,5. Spezifisches Gewicht: 3,65 - 3,75.
**Entstehung und Vorkommen:** Das sehr verbreitete Mineral bildet sich durch regionalmetamorphe, seltener auch durch kontaktmetamorphe Prozesse.
**Verwendung:** Staurolith hat keine wirtschaftliche Bedeutung.

## TITANIT (SPHEN)

**Etymologie:** Das Mineral wird aufgrund seiner Zusammensetzung als Titanit bezeichnet. Ansonsten: griech. *sphen* = Keil (Kristallform!).
**Chemische Formel:** $CaTi[O,F,OH/SiO_4]$.
**Kristallsystem:** monoklin.
Aussehen: in der Regel flache, spitzwinkelige bis briefkuvertförmige Kristalle mit tafeligem Habitus.
**Eigenschaften:** Farbe: unterschiedlich; verschiedene Gelbtöne, grünlich, grau, rosa, rötlich und sogar farblos. Strich: weiß. Glanz: halb-diamanten. Bruch: muschelig. Spaltbarkeit: undeutlich in einer Richtung. Härte: 5 - 6. Spezifisches Gewicht: 3,4.
**Entstehung und Vorkommen:** Titanit bildet sich in magmatischen und metamorphen Gesteinen als Begleitmineral. Schöne Kristalle finden sich u. a. in verschiedenen Bereichen der Alpen.
**Verwendung:** Vereinzelt wichtiges Titanerz. Schöne Kristalle werden auch geschliffen und zu Schmucksteinen verarbeitet.

**Abb. 137.** Oben links: Andalusit (Kristallgröße 6 cm) und Chiastolith (2 cm); Lugo (Spanien). Unten links: Sillimanit (13 cm); El Cardoso, Madrid (Spanien). Unten rechts: Cyanit (Kristall 13,5 cm); Tessin (Italien). Oben rechts: Stabilitätsdiagramm der drei polymorphen Modifikationen Cyanit, Andalusit und Sillimanit.

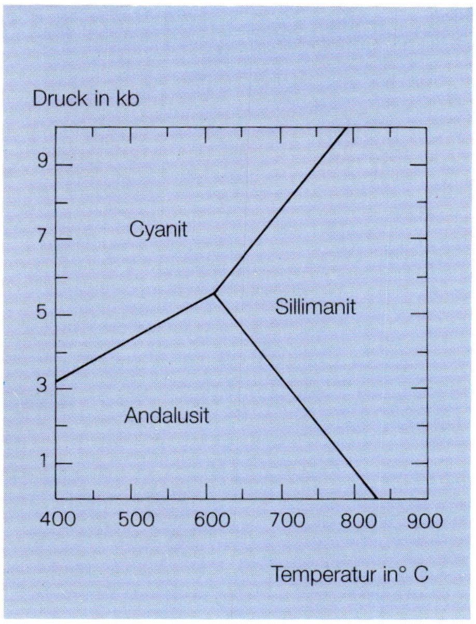

**Abb. 138.** Topas (x4); San Luis de Potosí (Mexiko).

**Abb. 139.** Staurolith (x0,5); Durchwachsungszwillinge; Madagaskar.

**Abb. 140.** Titanit (Kristallgröße max. 1 cm); Baltistan (Pakistan).

# Silikate: Sorosilikate

## HEMIMORPHIT (CALAMIN)

**Etymologie:** griech. *hemi* = halb und *morphe* = Gestalt, wegen der Form der Kristalle.

**Chemische Formel:** $Zn_4[(OH)_2Si_2O_7] \cdot H_2O$. Das Mineral enthält gelegentlich geringe Mengen an Aluminium und Zink.
**Kristallsystem:** rhombisch.
**Aussehen:** traubige Massen, massig, körnig oder faserig. Die seltenen prismatischen Kristalle laufen am oberen Ende in einer pinakoiden Fläche aus, während an der Basis pyramidale Flächen vorliegen (Hemimorphie). Sie ordnen sich mitunter in runden Formen an.
**Eigenschaften:** Farbe: farblos, weiß oder bläulich bis gelblich grün. Strich: weiß. Glanz: glasartig. Bruch: muschelig. Spaltbarkeit: vollkommen nach dem Prisma. Härte: 5. Spezifisches Gewicht: 3,5.
**Entstehung und Vorkommen:** Das weit verbreitete Sekundärmineral bildet sich in der Verwitterungszone von Zinklagerstätten. Schöne Kristalle findet man auf Sardinien (Italien), in New Jersey (USA) und bei Bleiber-Kreuth in Kärnten (Österreich).
**Verwendung:** Hemimorphit ist ein Zinkerz.

## ZOISIT

**Etymologie:** zu Ehren des österreichischen Naturforschers Baron Zois von Edelstein.
**Chemische Formel:** $Ca_2Al_3[OH/(SiO_4)_3]$. Es können geringere Mengen von Aluminium und Kalzium durch Eisen, Mangan, Chrom, Titan, Kalium, Natrium und Vanadium ersetzt werden.
**Kristallsystem:** rhombisch. Bei dem monoklinen Klinozoisit handelt es sich um eine polymorphe Modifikation des Minerals.
**Aussehen:** radialstrahlige und dichte Aggregate. Die Kristalle besitzen in der Regel einen prismatischen Habitus und weisen am oberen Ende gelegentlich pyramidale Seitenflächen auf.
**Eigenschaften:** Farbe: grau, weißlich, grün, braun, rot, gelblich und blau (Tansanit). Strich: weiß. Glanz: glasartig. Bruch: uneben. Spaltbarkeit: vollkommen nach dem Prisma. Härte: 6 - 6,5. Spezifisches Gewicht: 3,3.
**Entstehung und Vorkommen:** Das relativ seltene Mineral ist metamorphen Ursprungs und kommt in Schiefergesteinen und Gneisen vor. Schöne Kristalle findet man in Tennessee (USA) und in den Miralani Hills (Tansania); von dort stammt auch die blaue Varietät des Tansanit.
**Verwendung:** Zoisit ist ein Edel- und Schmuckstein.

## EPIDOT

**Etymologie:** griech. *epidosis* = Zugabe, Zunahme, da eine Seitenfläche des Prismas stets länger ist als die anderen.
**Chemische Formel:** $Ca_2(Al_2Fe)_3[OH/(SiO_4)_3]$. Das Mineral bildet eine isomorphe Mischreihe mit Klinozoisit (bei Epidot beträgt das Verhältnis zwischen Fe und Al 1:2, bei Klinozoisit 2:3).
**Kristallsystem:** monoklin.
**Aussehen:** körnige Massen oder radialstrahlige, faserige Aggregate. Die zarten, prismatischen Kristalle sind flächenreich und und in Längsrichtung gestreift.
**Eigenschaften:** Farbe: verschiedene Grüntöne. Strich: weiß oder leicht gräulich. Glanz: glasartig. Bruch: uneben. Spaltbarkeit: vollkommen in der einen, undeutlich in der anderen Richtung. Härte: 6 - 7. Spezifisches Gewicht: 3,3 - 3,5.
**Entstehung und Vorkommen:** Das weit verbreitete Mineral findet sich basischem Gestein regional- oder kontaktmetasomatischen Ursprungs. Kristalle hervorragender Qualität findet man im Untersulzbachtal (Österreich).
**Verwendung:** Schöne Epidot-Exemplare werden als Edelstein verwendet.

## IDOKRAS (VESUVIAN)

**Etymologie:** griech. *eidos* = Gestalt und griech. *krasis* = Mischung, da die Kristalle einer Mischung verschiedenartiger Mineralien ähneln. Die Bezeichnung Vesuvian geht auf den italienischen Vulkan Vesuv zurück.
**Chemische Formel:** $Ca_{10}Al_4(Mg,Fe)[(OH)_4/(SiO_4)_5/(Si_2O_7)_2]$. Das Mineral kann auch kleine Mengen an Bor, Fluor und Beryllium enthalten.
**Kristallsystem:** tetragonal.
**Aussehen:** säulige, gestreifte Massen. Meist als Kristalle mit prismatischem Habitus oder in zusammengesetzten bipyramidalen Formen.
**Eigenschaften:** Farbe: braun, grün; auch gelb, blau und rot. Strich: weiß. Glanz: glasartig bis fettig. Bruch: uneben, splittrig. Spaltbarkeit: keine. Härte: 6,5. Spezifisches Gewicht: 3,3 - 3,45.
**Entstehung und Vorkommen:** Idokras bildet sich durch kontaktmetamorphe Prozesse in karbonathaltigem Gestein. Sehr schöne Kristalle finden sich in Chihuahua (Mexiko) und in den Kalksteinen, die mit den Laven des Vesuvs (Italien) in Kontakt stehen. In Kalifornien kommt eine grüne jadeähnliche Varietät, die sogenannte Kalifornische Jade, vor.
**Verwendung:** Die Varietät Kalifornische Jade wird als Halbedelstein in der Schmuckindustrie verwendet.

## PREHNIT

**Etymologie:** zu Ehren des holländischen Oberst H. von Prehn, der das Mineral vom Kap der Guten Hoffnung mitbrachte.
**Chemische Formel:** $Ca_2Al_2[(OH)_2/Si_3O_{10}]$. Aluminium kann in kleineren Mengen durch Eisen ersetzt werden.
**Kristallsystem:** rhombisch.
**Aussehen:** gewöhnlich nierenförmige Gruppen oder fächerartig angeordnete Aggregate. Die Kristalle sind tafelig.
**Eigenschaften:** Farbe: grün, weiß. Strich: weiß. Glanz: glasartig. Bruch: uneben. Spaltbarkeit: deutlich. Härte: 6 - 6,5. Spezifisches Gewicht: 2,8 - 2,9.
**Entstehung und Vorkommen:** Prehnit wird hydrothermal in Blasenräumen und Klüften basischer Vulkanite gebildet. Schöne Kristalle findet man in Namibia und im Fassatal (Italien).
**Verwendung:** Keine.

**Abb. 141.** Links: Hemimorphit (x1,5); Sardinien (Italien). Rechts: Hemimorphit (Kristallgröße max. 1,5 cm); Durango (Mexiko).

**Abb. 142.** Zoisit (Variation Tansanit) (Kristallgröße 2 cm); Tanga (Tansania).

**Abb. 143.** Epidot mit Quarz (Kristallgröße 5 cm); Alaska (USA).

**Abb. 144.** Idokras (Kristallgröße 2 cm); Asbestos (Kanada).

**Abb. 145.** Prehnit (x1); Poona (Indien).

# Silikate: Cyclosilikate

## AXINIT

**Etymologie:** griech. *axine* = Beil, aufgrund der keilartigen Form der Kristalle.
**Chemische Formel:** $Ca_2(Fe,Mg,Mn)Al_2BH[SiO_4]_4$.
**Kristallsystem:** triklin.
**Aussehen:** blättrige Massen oder längliche, keilförmige, dünne Kristalle.
**Eigenschaften:** Farbe: braun, gelblich, violett und grau. Strich: weiß. Glanz: glasartig. Bruch: muschelig. Spaltbarkeit: deutlich nach dem Prisma. Härte: 6,5 - 7 Spezifisches Gewicht: 3,25 - 3,35.
**Entstehung und Vorkommen:** Axinit findet sich aufgrund metasomatischer Prozesse in den Kontaktzonen magmatischer Intrusivgesteine. Der Boranteil stammt aus den magmatischen Gasen.
**Verwendung:** Durchsichtige Exemplare gelten als Edelsteine.

## BERYLL

**Etymologie:** griech. *beryllos* = grünes Meer.
**Chemische Formel:** $Be_3Al_2[Si_6O_{18}]$. Das Mineral enthält kleinere Mengen an alkalischen Elementen, insbesondere Cäsium.
**Kristallsystem:** hexagonal.
**Aussehen:** tritt in Massen auf, häufiger jedoch in Form gut entwickelter Kristalle, die eine Kantenlänge von mehreren Metern erreichen können.
**Eigenschaften:** Farbe: je nach den als Verunreinigung enthaltenen Oxiden ist ein breites Farbspektrum möglich blau (Aquamarin); gelb (Heliodor); rosa (Morganit); grün (Smaragd); farblos (Goshenit); rot (Bixbit) (Abb. 19). Strich: weiß. Glanz: glasartig. Bruch: muschelig. Spaltbarkeit: undeutlich nach der Grundfläche. Härte: 7,5 - 8. Spezifisches Gewicht: 2,65 - 2,85.
**Entstehung und Vorkommen:** Beryll bildet sich in der pegmatitisch-pneumatolytischen Erstarrungsphase granitischer Gesteine. Es entsteht auch durch metasomatische Prozesse in kontaktmetamorphen Lagerstätten. Die bedeutendsten Smaragdvorkommen befinden sich in Muzo und Chivor (Kolumbien), in Sibirien (Rußland) und in Minas Gerais (Brasilien). Aquamarin und andere Varietäten sind häufiger; schöne Kristalle finden sich in Minas Gerais (Brasilien) und in Pakistan.
**Verwendung:** Undurchsichtiger Beryll gilt als Berylliumerz. Dieses aluminiumähnliche Metall wird mit Kupfer zu äußerst widerstandsfähigen Werkstoffen legiert. Die durchsichtigen Varietäten gelten als Edelsteine. Der Smaragd gehört seit frühgeschichtlicher Zeit zu den begehrtesten Schmucksteinen. Seine Färbung geht auf Verunreinigungen durch Chrom-, Vanadium- und Eisenoxide zurück. Normalerweise enthalten Smaragde mikroskopisch kleine Einschlüsse, über die sich ihre Herkunft bestimmen läßt. So weisen kolumbianische Smaragde Einschlüsse in allen drei Aggregatzuständen auf: Gase, Flüssigkeiten und winzige Kristalle anderer Mineralien wie Calcit oder Pyrit. Russische Smaragde enthalten dagegen nur Einschlüsse von Feststoffen. Es gibt zahlreiche Smaragdimitationen; seit den 40er Jahren ist es auch möglich, das Mineral künstlich zu synthetisieren.

## TURMALIN

**Etymologie:** singhalesisch *turmali* ; unter dieser Bezeichnung wurden die ersten Exemplare aus Sri Lanka eingeführt.
**Chemische Formel:** $XY_9(OH,F)_4[B_3Si_6O_{27}]$; die Gruppe XY hat die Wertigkeit 25. X = Na oder $Ca^{2+}$; Y = Al, Mg, $Fe^{2+}$, $Fe^{3+}$, $Ti^{3+}$, $Cr^{3+}$ usw. Dadurch sehr breites Spektrum an Varietäten möglich. Die OH-Gruppe kann in geringem Umfang durch Fluor ersetzt werden.
**Kristallsystem:** trigonal.
**Aussehen:** gewöhnlich prismatische Kristalle mit gewölbten und gestreiften Seitenflächen. Oft unterschiedliche Enden (pinakoid auf der einen, pyramidal auf der anderen Seite). Die Kristallgröße ist sehr unterschiedlich. Gelegentlich auch dichte Massen.
**Eigenschaften:** Farbe: schwankt je nach chemischer Zusammensetzung. Durchsichtig bis undurchsichtig, verschieden gefärbt: farblos (Achroit), rot (Rubellit), grün (Verdelith), blau (Indigolith), braun und schwarz (Schörl), durch Fe. Farbverteilung oft zonar (roter Kern mit grüner Hülle) oder in der Längserstreckung verschieden: helle Kristalle mit dunklen Köpfen, mehrere Farben in einem Kristall. Strich: weiß. Glanz: glasartig. Bruch: uneben. Spaltbarkeit: undeutlich. Härte: 7 - 7,5. Spezifisches Gewicht: 3 - 3,2. Turmalin besitzt pyro- und piezoelektrische Eigenschaften.
**Entstehung und Vorkommen:** Das sehr verbreitete Mineral wird pneumatolytisch gebildet und kommt hauptsächlich in Pegmatiten vor. Durchsichtige Varietäten finden sich in Minas Gerais (Brasilien), Pala (USA), im Ural (Rußland) und in Pakistan.
**Verwendung:** Aufgrund seiner piezoelektrischen Eigeschaften wird Turmalin zur Fertigung von Hochdruckmanometern verwendet. Die transparenten Varietäten gelten als Edelsteine.

## DIOPTAS (KUPFERSMARAGD)

**Etymologie:** griech. *dia* = durch und *opsis* = sehen.
**Chemische Formel:** $Cu_6[Si_6O_{18}] \cdot 6H_2O$. Ein ähnliches hydriertes Kupfersilikat in kryptokristalliner Form ist Chrysokoll.
**Kristallsystem:** trigonal.
**Aussehen:** gewöhnlich kleine säulige Kristalle oder dichte Aggregate.
**Eigenschaften:** Farbe: dunkelgrün. Strich: grün. Glanz: glasartig. Bruch: muschelig. Spaltbarkeit: deutlich. Härte: 5. Spezifisches Gewicht: 3,3.
**Entstehung und Vorkommen:** Dioptas bildet sich sekundär in den Verwitterungszonen von Kupferlagerstätten. Die größten und schönsten Kristalle stammen aus Tsumeb (Namibia).
**Verwendung:** Dioptas wird zu Schmucksteinen verarbeitet, ist aber aufgrund der geringen Härte nicht sehr wertvoll.

**Abb. 147.** Axinit (Kristallgröße 2,5 cm); Beldonne (Frankreich).

**Abb. 146.** Von links nach rechts und von oben nach unten: Turmalin (Varietät Schörl) (Kristallgröße 15 cm); Minas Gerais (Brasilien). Turmalin (Varietät Elbait) (Kristallgröße max. 12 cm); Minas Gerais (Brasilien). Turmalin (Varietät Rubellit) (Kristallgröße 4 cm); Minas Gerais (Brasilien). Querschnitt eines Turmalin-Kristalls mit konzentrisch angeordneten Farbzonen (x1); Minas Gerais (Brasilien). Turmalin (Varietät Dravit) (Kristallgröße 10 cm); Yannietharra (Australien).

**Abb. 148.**
Dioptas (Kristallgröße max. 2 cm); Tsumeb (Namibia).

# Silikate: Inosilikate I

## PYROXENE

Bei den Mineralien der Pyroxengruppe sind die einzelnen Silikat-Tetraeder an den Scheitelpunkten kettenartig miteinander verbunden; untereinander sind die Ketten über metallische Kationen unter Ausbildung von Ionenbindungen miteinander verbunden. Aufgrund der Anordnung der einzelnen Tetraeder weisen die Pyroxene eine Spaltbarkeit nach dem Prisma mit charakteristischen Spaltwinkeln von 87° und 93° auf. Anhand dieser typischen Eigenschaft lassen sie sich bestimmen und von den ebenfalls zur Gruppe der Inosilikate gehörenden Amphibolen unterscheiden.

Die allgemeine chemische Formel der Pyroxene lautet $XYSi_2O_6$, wobei X und Y die metallischen Kationen bezeichnen. Falls die beiden Kationen klein sind, kristallisieren die Pyroxene im rhombischen System. Bei einem kleinen und einen großen Kation kristallisieren sie im monoklinen und bei zwei großen Kationen im triklinen System. Die Pyroxene sind wichtige gesteinsbildende Mineralien.

## ENSTATIT

**Etymologie:** griech. *enstates* = Gegner, Widersacher, aufgrund seiner Hitzebeständigkeit.
**Chemische Formel:** $Mg_2[Si_2O_6]$. Magnesium kann im Rahmen einer isomorphen Substitution vollständig durch Eisen ersetzt werden, wodurch sich eine isomorphe Mischreihe ergibt. Bei einem Eisengehalt von mehr als 13 Prozent spricht man von Hypersthen.
**Kristallsystem:** rhombisch.
**Aussehen:** faserige oder blättrige Massen. Kristalle mit prismatischem Habitus selten.
**Eigenschaften:** Farbe: braun, grau bis grün. Strich: weiß. Glanz: glasartig. Bruch: uneben. Spaltbarkeit: deutlich. Härte: 5,5 - 6. Spezifisches Gewicht: 3,1 - 3,7, je nach Eisengehalt.
**Entstehung und Vorkommen:** Enstatit kommt in zahlreichen basischen und ultrabasischen Gesteinen sowie in Pegmatiten vor. Auch in Meteoriten nachgewiesen. Schöne Kristalle stammen aus der Eifel und Bamble (Norwegen).
**Verwendung:** Grüne und durchsichtige Enstatit-Kristalle werden zu Schmucksteinen verarbeitet.

## DIOPSID

**Etymologie:** griech. *dis* = doppelt und *opsis* = Anblick, aufgrund der Gestalt der Kristalle.
**Chemische Formel:** $CaMg[Si_2O_6]$. Durch Substitution von Magnesium durch Eisen ergibt sich eine lückenlose isomorphe Mischreihe bis zum Hedenbergit.
**Kristallsystem:** monoklin.
**Aussehen:** gewöhnlich körnige Massen. Prismatische Kristalle, gelegentlich Verzwilligung.
**Eigenschaften:** Farbe: grün bis schwarz. Strich: weiß. Glanz: glasartig. Bruch: muschelig. Spaltbarkeit: deutlich. Härte: 5 - 6. Spezifisches Gewicht: 3,2 - 3,3.
**Entstehung und Vorkommen:** Diopsid bildet sich üblicherweise in kontaktmetamorphem Kalkstein, kommt aber auch in regionalmetamorphen Gesteinen vor. Schöne Kristalle stammen aus dem Ural (Rußland), Brasilien, Madagaskar und Namibia.
**Verwendung:** Durchsichtiger, smaragdgrüner Diopsid hat Edelsteinqualität und wird zu Schmucksteinen verarbeitet.

## SPODUMEN

**Etymologie:** griech. *spodos* = Asche.
**Chemische Formel:** $AlLi[Si_2O_6]$. Lithium kann in geringem Umfang durch Natrium ersetzt werden.
**Kristallsystem:** monoklin.
**Aussehen:** dichte, gelegentlich radialstrahlige Aggregate. Langprismatische Kristalle.
**Eigenschaften:** Farbe: weiß, grün (Hiddenit), violett (Kunzit). Strich: weiß. Glanz: erdig. Bruch: uneben. Spaltbarkeit: deutlich. Härte: 6,5 - 7. Spezifisches Gewicht: 3,1 - 3,2.
**Entstehung und Vorkommen:** Das seltene Mineral findet sich in Pegmatiten; gelegentlich in gut entwickelten Kristallen. In South Dakota (USA) wurden Kristalle mit einer Länge von mehreren Metern gefunden. Die Varietät Kunzit kommt in Brasilien und Afghanistan vor.
**Verwendung:** Spodumen ist ein Lithiumerz. Lithium wird unter anderem mit Schmierfetten vermischt, damit diese auch bei tiefen Temperaturen ihre Schmiereigenschaften behalten. Daneben kommt das Element auch bei der Herstellung von Batterien zum Einsatz. Die Varietäten Kunzit und Hiddenit gelten als Edelsteine.

## AUGIT (PYROXEN I. E. S.)

**Etymologie:** griech. *auge* = Glanz.
**Chemische Formel:** $CaMg[Si_2O_6]$. Kalzium kann teilweise durch Natrium, Magnesium durch Eisen und Aluminium, Silicium durch Aluminium ersetzt werden.
**Kristallsystem:** monoklin.
**Aussehen:** lose, kurzprismatische Kristalle, häufig verzwillingt. Auch körnige Aggregate.
**Eigenschaften:** Farbe: schwarz bis dunkelgrün. Strich: grünlich grau. Glanz: glasartig. Bruch: muschelig. Spaltbarkeit: vollkommen. Härte: 5,5 - 6. Spezifisches Gewicht: 3,2 - 3,5.
**Entstehung und Vorkommen:** Augit ist das häufigste Pyroxen in jüngeren, basischen, magnesium- und eisenreichen Vulkaniten. Schöne Kristalle findet man in vulkanischen Tuffen von Eifel, Laacher See und Rhön sowie in rezenten Laven des Vesuv (Italien).
**Verwendung:** Keine.

## RHODONIT

**Etymologie:** griech. *rhodon* = Rose.
**Chemische Formel:** $MnSiO_3$. Mangan kann in geringem Umfang durch Kalzium ersetzt werden.
**Kristallsystem:** triklin.
**Aussehen:** schwarzkörnige Massen. Kristalle mit prismatischem Habitus sind sehr selten.
**Eigenschaften:** Farbe: rosa. Strich: weiß. Glanz: glasartig. Bruch: uneben. Spaltbarkeit: deutlich. Härte: 5,5 - 6,5. Spezifisches Gewicht: 3,4 - 3,7.
**Entstehung und Vorkommen:** Rhodonit bildet sich hydrothermal und kontaktmetasomatisch, findet sich aber auch in metamorphen Schiefern. Bedeutende Vorkommen gibt es in Langbam (Schweden), im Ural (Rußland) und in Broken Hill (Neusüdwales, Australien).
**Verwendung:** Rhodonit ist ein Manganerz. Kristalle werden zu Schmucksteinen verarbeitet.

Abb. 149. Enstatit (x 1,2); Bamble (Norwegen).

Abb. 150. Diopsid (Kristallgröße max. 9 cm); Quebec (Kanada).

Abb. 151. Links: Spodumen (Variation Hiddenit) (Kristallgröße 8 cm); Langham (Afghanistan). Rechts: Spodumen (Variation Kunzit) (Kristallgröße 6 cm); Minas Gerais (Brasilien).

Abb. 153. Rhodonit (Kristallgröße max. 3 cm); Broken Hill (Australien).

Abb. 152. Augit (Kristallgröße max. 1 cm); Teneriffa, Kanarische Inseln (Spanien).

# Silikate: Inosilikate II

## WOLLASTONIT (TAFELSPAT)

**Etymologie:** zu Ehren des britischen Mineralogen W. H. Wollaston.
**Chemische Formel:** $CaSiO_3$.
**Kristallsystem:** triklin.
**Aussehen:** dichte Massen, gelegentlich auch faserig oder blättrig.
**Eigenschaften:** Farbe: weiß. Strich: weiß. Glanz: glasartig oder seidig. Bruch: uneben. Spaltbarkeit: vollkommen nach dem Pinakoid. Härte: 4,5 - 5. Spezifisches Gewicht: 2,8.
**Entstehung und Vorkommen:** Wollastonit ist ein typisches Kontaktmineral in kristallinen Kalksteinen, findet sich gelegentlich aber auch in kristallinen Schiefern und ganz selten in karbonatreichen Vulkaniten (Kaiserstuhl).
**Verwendung:** Wollastonit wird als elektrischer Isolator, bei der Keramikherstellung und in der Papierindustrie verwendet.

## AMPHIBOLE

Kennzeichen dieser Mineraliengruppe ist die Verbindung der Silikat-Tetraeder zu Doppelketten. Zwischen den beiden Einzelketten entstehen dabei Freiräume, in die sich Hydroxylgruppen einlagern, die wiederum durch Fluor substituiert werden können. Die allgemeine chemische Formel der Amphibolen lautet: $(OH,F)_{28}$ $X_2Y_5Z_8O_{22}$ mit X = Ca, Na, K, aber auch $Mn^{2+}$, $F^{2+}$, Mg; Y = Mg, $Fe^{2+}$, $Fe^{3+}$, Al, Mn, $Ti^{3+}$; Z = in erster Linie Si, das aber durch Al substituiert werden kann. Die Amphibole unterscheiden sich von den Pyroxenen hinsichtlich ihrer Spaltbarkeit (die Spaltwinkel betragen 56° und 124°). Wie die Pyroxene kristallisieren sie im rhombischen und monoklinen System; es handelt sich um gesteinsbildende Mineralien, die bei geringeren Temperaturen entstehen.

## ANTHOPHYLLIT

**Etymologie:** lat. *anthophyllum* = Gewürznelke, aufgrund der Färbung.
**Chemische Formel:** $(MgFe)_7(Si_4O_{11})_2(OH)_2$.
**Kristallsystem:** rhombisch.
**Aussehen:** blättrige oder faserige Massen; Kristalle sehr selten.
**Eigenschaften:** Farbe: grünlich braun (Farbe der Varietät Grünerit). Strich: weiß. Glanz: glasartig. Bruch: muschelig. Spaltbarkeit: deutlich. Härte: 5,5. Spezifisches Gewicht: 2,8 - 3,2.
**Entstehung und Vorkommen:** Anthophyllit ist ein typisches Metamorphosemineral; gewöhnlich bildet es sich durch kontaktmetasomatische Prozesse. Es kann auch aus der Verwitterung von Olivin entstehen. Das Mineral kommt meist als Bestandteil von kristallinen Schiefern vor.
**Verwendung:** Keine.

## TREMOLIT (GRAMMATIT)

**Etymologie:** Das Mineral wurde nach seinem Fundort im Val Tremola am St. Gotthard (Schweiz) bezeichnet. Dort kommt er allerdings nicht vor! Griech. *gramme* = Linie.
**Chemische Formel:** $Ca_2(Mg,Fe)_5$ $[OH/Si_4O_{11}]_2$. Magnesium kann im Rahmen einer isomorphen Substitution durch Eisen ersetzt werden, wodurch sich eine isomorphe Mischreihe mit dem eisenhaltigen Endglied Aktinolith ergibt.
**Kristallsystem:** monoklin.
**Aussehen:** blättrige oder radialstrahlige Massen, gelegentlich stengelig, faserig.
**Eigenschaften:** Farbe: je nach Eisengehalt weiß, grau oder grünlich. Strich: weiß. Glanz: glasartig. Bruch: muschelig. Spaltbarkeit: vollkommen. Härte: 5 - 6. Spezifisches Gewicht: 2,9 - 3,3.
**Entstehung und Vorkommen:** Tremolit bildet sich in metamorphen Kalken, aber auch in kristallinen Schiefern.
**Verwendung:** Asbest dient als Wärmeisolator. Dichter Tremolit wird als Nephrit bezeichnet und unter dem Namen Jade zu Schmucksteinen verarbeitet.

## HORNBLENDE (GEMEINE HORNBLENDE)

**Etymologie:** Der Name kommt aus dem Deutschen und bezeichnet ein nicht nutzbares Mineral.
**Chemische Formel:** $Ca_2Na\ (Mg,Fe^{2+})_4$ $(Al,Fe^{3+})[OH/(Si,Al)_4O_{11}]_2$.
**Kristallsystem:** monoklin.
**Aussehen:** dichte oder radialstrahlige Aggregate, gelegentlich faserig.
**Eigenschaften:** Farbe: dunkelgrün bis schwarz. Strich: weiß bis grau. Glanz: glasartig. Bruch: muschelig. Spaltbarkeit: vollkommen. Härte: 5 - 6. Spezifisches Gewicht: 3,2.
**Entstehung und Vorkommen:** Das Mineral kommt sowohl in sauren als auch in basischen magmatischen Gesteinen vor. Daneben findet es sich auch in metamorphem Gestein.
**Verwendung:** Verkieselte Hornblende (Krokydolith, griech *krokydos* = filzige Wolle) wird unter dem Namen Tigerauge zu Schmuck verarbeitet.

**Abb. 156.** Oben: Tremolit (x2); Pic de l'infern, Gerona (Spanien). Gegenüber: Aktinolith (x0,5); Zillertal (Österreich).

**Abb. 154.** Wollastonit (10 cm); Gualba, Barcelona (Spanien).

**Abb. 155.** Anthophyllit (x0,5); Ural (Rußland).

**Abb. 157.** Hornblende (Kristallgröße 1,5 cm); Cabo de Gata, Almería (Spanien).

# Silikate: Phyllosilikate

## SERPENTIN

Die Gruppe der Serpentine umfaßt mehrere Mineralien, darunter auch **Antigorit** und **Chrysotil,** die aufgrund ihrer gleichen chemischen Zusammensetzung und einer ähnlichen Struktur (die kleinen Abweichungen sind für die jeweiligen Eigenschaften verantwortlich) als Varietät gelten und sich von den übrigen Phyllosilikaten unterscheiden.
**Etymologie:** lat. *serpens* = Schlange, da die Minerale teilweise Ähnlichkeit mit Schlangenhaut haben. Chrysotil: griech. *chrysos* = Gold, *tilos* = Faser; Antigorit: nach seiner Herkunft aus dem Val Antigorio in Piemont (Italien).
**Chemische Formel:** $Mg_6[(OH)_8/Si_4O_{10}]$.
**Kristallsystem:** monoklin.
**Aussehen:** Antigorit kommt in blättriger, Chrysotil in faseriger Form vor. Die Existenz von Kristallen ist nicht bekannt.
**Eigenschaften:** Farbe: verschiedene Grüntöne. Chrysotil ist oft weiß. Strich: weiß. Glanz: Antigorit glasartig oder fettig, Chrysotil seidig. Bruch: Antigorit uneben, Chrysotil splittrig. Spaltbarkeit: Antigorit vollkommen in einer und deutlich in der anderen Richtung; Chrysotil undeutlich in einer Richtung. Härte: Antigorit 3 - 3,5; Chrysotil 2 - 3. Spezifisches Gewicht: Antigorit 2,55 - 2,58; Chrysotil 2,36 - 2,50.
**Entstehung und Vorkommen:** Serpentin kommt gewöhnlich als Gemengeteil metamorpher Gesteine vor, ist aber auch gesteinsbildend: Serpentinit. Vorwiegend durch Verwitterung (Hydratisierung) von Olivin, Pyroxen, Amphibol und anderem Bestandteilen basischer bis ultrabasischer Gesteine (Dunite, Peridotite, Gabbro usw.). Es ist sehr verbreitet.
**Verwendung:** Serpentin wird zur Außenverkleidung von Fassaden sowie zur Herstellung von Ziergegenständen und feuerfesten Ziegeln verwendet.

## TALK

**Etymologie:** arab. *talq* = Talk und ähnliche Mineralien.
**Chemische Formel:** $Mg_6(OH)_4[Si_8O_20]$.
**Kristallsystem:** monoklin.
**Aussehen:** Kristalle sehr selten; gewöhnlich in blättrigen, schuppigen Aggregaten oder Massen. Charakteristisch ist die sich fettig anfühlende Oberfläche.
**Eigenschaften:** Farbe: unterschiedlich; häufig weiß, aber auch schwarz, gelblich, grünlich usw. Strich: weiß. Glanz: perlmuttartig. Bruch: splittrig. Spaltbarkeit: vollkommen nach dem Pinakoid. Härte: 1 (das erste Leitmineral der Mohs-Skala). Spezifisches Gewicht: 2,7 - 2,8.
**Entstehung und Vorkommen:** Talk ist ein Sekundärmineral und bildet sich durch Verwitterung von Magnesiumsilikaten. Es ist weit verbreitet und wird an zahlreichen Orten der Erde abgebaut.
**Verwendung:** Talk wird als Pulver in der Kosmetik verwendet. Dichter, weißer Talk heißt Speckstein und wird in der Elektroindustrie vielseitig verwendet.

## MUSKOVIT

**Etymologie:** lat. *Vitrum Muscovitum* = Moskauer Glas, da das Mineral früher hauptsächlich aus Rußland kam und als Fensterglas verwendet wurde.
**Chemische Formel:** $KAl_2Al(OH,F)_2[AlSi_3O_{10}]$.
**Kristallsystem:** monoklin.
**Aussehen:** selten Kristalle, häufig tafelige Blättchen und Schuppen mit pseudohexagonalem Habitus; die Prismenflächen sind in Spaltrichtung gestreift.
**Eigenschaften:** Farbe: farblos oder leichte Tönungen bräunlicher Farbe. Strich: weiß. Glanz: perlmuttartig. Bruch: uneben. Spaltbarkeit: vollkommen nach dem Pinakoid. Härte: richtungsabhängig: 2,5 - 4. Spezifisches Gewicht: 2,8 - 3.
**Entstehung und Vorkommen:** Muskovit ist ein wesentlicher Bestandteil zahlreicher metamorpher und magmatischer Gesteine. Es findet sich auch als Begleitmineral in verschiedenen Sedimentgesteinen. Smaragdgrüner Muskovit stammt aus der Umwandlung chromhaltiger Olivingesteine und wird als Fuchsit bezeichnet (nach dem Chemiker J. N. von Fuchs).
**Verwendung:** Muskovit wird hauptsächlich als elektrischer und thermischer Isolator verwendet.

## BIOTIT

**Etymologie:** zu Ehren des französischen Chemikers J. B. Biot.
**Chemische Formel:** $K(Mg,Fe^{2+})_3(OH,F)_2([(Al,Fe^{3+})Si_3O_{10}]$.
**Kristallsystem:** monoklin.
**Aussehen:** ähnlich wie Muskovit. Kaum Kristalle, sondern blättrige und schuppige Aggregate.
**Eigenschaften:** Farbe: dunkelbraun oder schwarz. Strich: weiß. Glanz: glasartig oder submetallisch. Bruch: uneben. Spaltbarkeit: vollkommen nach dem Pinakoid. Härte: 2,5 - 4. Spezifisches Gewicht: 2,8 - 3,4.
**Entstehung und Vorkommen:** Biotit ist der häufigste aller Glimmer und kommt in den meisten magmatischen Gesteinen vor. Daneben ist er auch häufig in metamorphen und sedimentären Gesteinen vertreten. Biotit ist weit verbreitet; große Kristalle findet man beispielsweise in Kanada.
**Verwendung:** Biotit wird bei der Herstellung von Kondensatoren, als Isolator usw. verwendet.

## TONMINERALIEN

Die Gesteine der Erdkruste bestehen zu 4,2 Prozent aus Tonen, genauer gesagt aus Hydrargillit, der sich aus verschiedenen Tonmineralien zusammensetzt. Chemisch gesehen handelt es sich bei den Tonmineralien um wasserhaltige Aluminiumsilikate, bei denen der Aluminiumanteil mehr oder weniger durch Magnesium oder Eisen substituiert sein kann.

Von der Struktur her setzen sich die Tonmineralien aus zwei Schichttypen zusammen: die einen bilden Tetraeder mit dem Siliciumatom in der Mitte und den Sauerstoffatomen bzw. Hydroxylgruppen an den Eckpunkten; die anderen bilden Oktaeder mit Aluminium, Magnesium oder Eisen in der Mitte und Sauerstoffatomen bzw. Hydroxylgruppen an den Eckpunkten. Je nachdem, wie sich diese Schichten miteinander verbinden, ergibt sich die Struktur des jeweiligen Tonminerals. Zu den bedeutendsten Vertretern der Gruppe gehören **Kaolinit, Illit** und **Montmorillonit.**

**Abb. 158.** Chrysotil (x1); Arizona (USA).

**Abb. 160.** Muskovit (x1); Minas Gerais (Brasilien).

**Abb. 159.** Talk mit Pyritkristallen (x4); La Bajol, Girona (Spanien).

**Abb. 162.** Tonmineral unter dem Elektronenmikroskop.

**Abb. 161.** Fuchsit (x2); Minas Gerais (Brasilien).

# Silikate: Tektosilikate I

## QUARZ

**Etymologie:** Die Herkunft des Namens ist nicht gesichert. Vermutlich wurde die Bezeichnung von Bergleuten in Sachsen und Böhmen verwendet. Schriftlich belegt ist Quarz seit Mitte des 16. Jahrhunderts durch Agricolas Werk *De Re Metallica*.
**Chemische Formel:** $SiO_2$. Silicium verbindet sich mit Sauerstoff zu einem elektrisch neutralen Komplex, der auch ohne Aufnahme zusätzlicher Kationen elektrisch neutral ist.
**Kristallsystem:** trigonal. Die Struktur des Quarzes läßt die Anordnung des $SiO_2$-Komplexes (Kieselgel) in acht verschiedenen Kristallarten zu. Einige dieser polymorphen Modifikationen kommen nicht in der Natur vor, sondern können nur synthetisch hergestellt werden. Man unterscheidet zwei Modifikationen: den $\alpha$-Quarz (Nieder- oder Tief-Quarz, trigonal), der bei Temperaturen bis 573° C beständig ist (häufig einfach als »Quarz« bezeichnet), und den bei Temperaturen oberhalb von 573° C stabilen $\beta$-Quarz (Hoch-Quarz, hexagonal). Bei Temperaturen über 867° C geht Quarz in Tridymit über, bei 1470° C dann in Cristobalit. Beide Minerale besitzen wie Quarz ebenfalls eine Hoch- und eine Niedrigtemperaturmodifikation $\alpha$ und $\beta$. Oberhalb von 1713° C kommt es zur Bildung des amorphen Lechatelierit. Bei abnehmender Temperatur verändert sich die $SiO_2$-Struktur. Sofern das Kristallgitter jedoch verschiedene Verunreinigungen, etwa Natrium, enthält, kann es zur Ausbildung stabiler Strukturen von Hochtemperaturmodifikationen auch bei Normalbedingungen kommen. Bei hohen Drücken oder Anwesenheit von Wasserdampf ändern sich die Temperaturen, bei denen die jeweiligen Modifikationen auftreten.
**Aussehen:** Quarz gehört zu den häufigsten Mineralien und kommt in zahlreichen Varietäten vor: a) makrokristallin; b) gut entwickelte Einzel- oder gruppenförmig angeordnete Kristalle, oft in Hohlräumen (Geoden) oder Drusenbildung; c) kryptokristallin (Chalcedon), in der Regel durch Abscheidung in Wasser gelöster Kieselsäure in Hohlräumen in Form von Fasern, Knollen usw.; d) gelegentlich kommt es auch zur Aufnahme gelöster Kieselsäure in Tier- und Pflanzenresten und damit zur Fossilierung (Versteinerung); e) daneben kommt das Mineral auch in dichten Massen in Erzgängen und als Gemengeteil von Gesteinen vor.
**Eigenschaften:** Farbe: makrokristalline Varietäten: Bergkristall (farblos), Amethyst (violett), Rosenquarz (rosa), Citrin (gelb), Milchquarz (weiß), Rauchquarz (rauchfarben), Morion (schwarz), Eisenkiesel (rot). Auch die kryptokristallinen Varietäten weisen ein breites Farbspektrum auf: Karneol (rot), Chrysopras (grün), Jaspis (hellrot) und Achat (konzentrische, verschiedenfarbige Bänder). Strich: weiß. Glanz: bei den makrokristallinen Varietäten glasartig, bei den kryptokristallinen Varietäten matt bis seidig. Bruch: muschelig. Spaltbarkeit: keine. Härte: 7. Spezifisches Gewicht: 2,65 bei den makrokristallinen Varietäten und 2,60 bei den kryptokristallinen Varietäten. Quarz besitzt ausgeprägte pyro- und piezoelektrische Eigenschaften.
**Entstehung und Vorkommen:** Quarz ist nach den Feldspaten (siehe S. 90) das wichtigste und am weitesten verbreitete Mineral der Erdkruste. Er ist Gemengeteil in sauren Magmatiten, in Metamorphiten wie z. B. kristallinen Schiefern und - aufgrund seiner Härte und schweren Löslichkeit - auch in Sedimenten wie Sanden und Geröllen angereichert. Daneben ist Quarz wichtiger Bestandteil von Gängen und Mineralvorkommen verschiedenster Genese, dabei pseudomorph nach vielen anderen Mineralien. Die bedeutendsten Quarzlagerstätten für Bergkristall befinden sich in Arkansas (USA) und Minas Gerais (Brasilien). In Uruguay und Südbrasilien befinden sich bedeutende Amethyst- und Achatvorkommen, die sich auf gleiche Weise gebildet haben: als Niederschlag aus kieselsäurehaltigem Wasser an kugeligen Hohlräumen die nach rascher Abkühlung von Lava entstanden sind. Jeder Zustrom von Wasser kann die Zusammensetzung der in der Kieselsäure gelösten Verunreinigungen ändern, wodurch die verschiedenartigen Farbbänder des Achats entstehen. Durch den Niederschlag wird letztlich auch die Öffnung verschlossen, durch die das Wasser eingetreten ist, was zum Ende des Prozesses führt.
**Verwendung:** Makrokristalliner Quarz kommt in zahlreichen optischen Geräten zum Einsatz. Aufgrund der pyro- und piezoelektrischen Eigenschaften ist das Mineral aus der elektronischen Präzisionsindustrie nicht mehr wegzudenken (z.B. Quarzuhren). Die farbigen Varietäten Amethyst, Citrin usw. werden als Schmucksteine verwendet. Mikrokristalliner Quarz gilt als Halbedelstein. Die Jaspis-Varietät Feuerstein wurde aufgrund von Härte und leichter Verfügbarkeit vom frühzeitlichen Menschen zur Herstellung von Geräten und Waffen herangezogen.

## OPAL

**Etymologie:** altind. *upala* = Edelstein.
**Chemische Formel:** $SiOH_2 \cdot nH_2O$. Der Wassergehalt ist variabel.
**Kristallsystem:** amorph.
**Aussehen:** traubige Massen, Konkretionen, Stalaktiten, Krusten oder pseudomorph bei der Fossilierung pflanzlicher Reste (Holzopal).
**Eigenschaften:** Farbe: weiß, gelb, rot, braun, grün oder blau (gemeiner Opal); irisierend und prächtiges Farbenspiel (Edelopal); rötliche Reflexionen (Feueropal). Strich: weiß. Glanz: glasartig, Opaleszenz. Bruch: muschelig. Härte: 5,5 - 6,5. Spezifisches Gewicht: 2,1 - 2,2.
**Entstehung und Vorkommen:** Opal bildet sich hydrothermal und findet sich als Ablagerung in Hohlräumen. Edelopal stammt aus den Vorkommen in Australien und Mexiko. In Kalifornien gibt es sedimentäre Lagerstätten versteinerter tierischer und pflanzlicher Reste (Kieselgur) aus Opal.
**Verwendung:** Edelopal wird als Edelstein in kugelige Formen (Cabochon) geschliffen. Kieselgur kommt mit Nitroglyzerin vermischt bei der Dynamitherstellung zum Einsatz.

**Abb. 163.** Quarz (Variatät Bergkristall) (x1); Minas Gerais (Brasilien).

**Abb. 164.** Quarz (Variatät Amethyst) (x2); Guerrero (Mexiko).

**Abb. 165.** Quarz (Variatät Eisenkiesel) (x5); Minglanilla, Cuenca (Spanien).

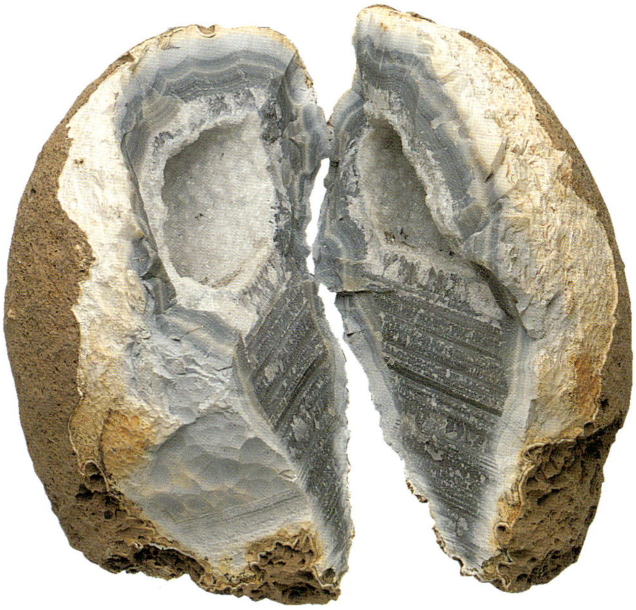

**Abb. 166.** Achat (x0,5); Minas Gerais (Brasilien).

**Abb. 167.** Opal (x1); Queensland (Australien).

# Tektosilikate II

## FELDSPATE

Die Feldspate bilden in der Natur die größte Mineraliengruppe und sind Hauptgemengeteil magmatischer Gesteine.

Die Feldspate bestehen aus einem Silikatgerüst, in dem das Silicium im Rahmen einer isomorphen Substitution teilweise von Aluminium ersetzt wurde. Die dadurch entstehenden elektrischen Ladungen ($Si^{4+}$, $Al^{3+}$) werden durch Aufnahme metallischer Kationen (K, Na, Ca und in kleinerem Umfang auch Ba) ausgeglichen. Es kann gelegentlich auch zu einer Substitution von Ca durch Fe, Pb, Rb und Cs kommen. Allgemeine Formel: $WZO_4$; W = K, Na, Ca, Sr, Ba; Z = Si, Al, Fe.

Die Feldspate lassen sich in zwei große Gruppen einteilen: die Orthoklase bzw. Alkalifeldspate und die Plagioklase bzw. Kalknatronfeldspate.

## ORTHOKLAS

**Etymologie:** griech. *orthos* = gerade, richtig und *klasis* = zerbrechen, aufgrund der Spaltbarkeit.
**Chemische Formel:** $K(AlSi_3O_8)$. Kalium kann durch Natrium ersetzt werden.
**Kristallsystem:** monoklin. Orthoklas besitzt zwei polymorphe Modifikationen: die trikline Niedertemperaturmodifikation Mikroklin und die monokline Hochtemperaturmodifikation Sanidin.
**Aussehen:** dichte, körnige Massen, als Gemengeteil von Gesteinen auch Körner. Gut entwickelte Kristalle mit prismatischem Habitus, häufige Verzwillingung nach dem Bavenoer Gesetz, dem Karlsbader Gesetz (Abb. 13) und dem Manebacher Gesetz.
**Eigenschaften:** Farbe: weiß bis rötlich, häufig fleischfarben. Strich: weiß. Glanz: glasartig. Bruch: muschelig. Spaltbarkeit: vollkommen in zwei Richtungen im Winkel von 90°. Härte: 6. Spezifisches Gewicht: 2,57.
**Entstehung und Vorkommen:** Das sehr häufige Mineral bildet sich durch magmatische Prozesse. Es ist Hauptgemengeteil von Granit und tritt in Form großer Kristalle in Pegmatiten auf. Daneben kommt es eingelagert in Sedimenten und in Gneisen (metamorphe Gesteine) vor. Die Hochtemperaturmodifikation Sanidin findet man als Begleitmineral von Laven. Von den zahlreichen Orthoklas-Lagerstätten auf der Erde ist Minas Gerais (Brasilien) wegen der schönen mikrokristallinen blauen Kristalle (Amazonit) hervorzuheben.
**Verwendung:** Orthoklas kommt insbesondere bei der Porzellan-, Email- und Glasherstellung zum Einsatz. Amazonit wird geschliffen und zu Schmucksteinen verarbeitet.

## PLAGIOKLASE

**Etymologie:** griech. *plagio* = schief und *klasis* = zerbrechen, aufgrund der Spaltbarkeit.

**Chemische Formel:** $NaSi_3AlO_8$ - $CaSi_3AlO_8$. Die Plagioklase bilden eine isomorphe Mischreihe von Natron- und Kalkfeldspat, bei der Natrium durch Calcium ersetzt werden kann. Die dabei auftretenden elektrischen Ladungen ($Na+$, $Ca_2+$) gleichen sich über die Substitution von Silicium durch Aluminium ($Si_4+$, $Al3+$) aus. Bei den Vertretern der Reihe handelt es sich im einzelnen um:

| Name | Na in % | Ca in % |
|---|---|---|
| **Albit** | 100-90 | 0-10 |
| **Oligoklas** | 90-70 | 10-30 |
| **Andesin** | 70-50 | 30-50 |
| **Labradorit** | 50-30 | 50-70 |
| **Bytownit** | 30-10 | 70-90 |
| **Anorthit** | 10-0 | 90-100 |

Bei Albit kann Na+ durch K+ ersetzt werden.

**Kristallsystem:** triklin.

**Aussehen:** als gesteinsbildendes Mineral dicht und körnig; es gibt ganze Gesteinsmassive, die sich ausschließlich aus charakteristisch gestreiften Plagioklasen zusammensetzen (aufgrund der Verzwillingung, Abb. 13). Die Endglieder der Reihe, Albit und Anorthit, zeigen längliche und tafelige Kristalle; bei den Zwischengliedern sind gut entwickelte Kristalle selten. Die Verzwillingung erfolgt auf charakteristische Art (Albitgesetz). Die dabei entstehenden polysynthetischen Zwillinge lassen sich mit dem Mikroskop leicht bestimmen. Die Zwillingsebenen verlaufen parallel zum zweiten Pinakoid; wenn sich diese Ebenen mit der Spaltungsebene schneiden, führt das zu der charakteristischen Streifung.
**Eigenschaften:** Farbe: weiß; bei den Endgliedern der Reihe grau; bei den Zwischengliedern bläulich oder rötlich irisierend. Strich: weiß. Glanz: glasartig, perlmuttartig. Bruch: uneben. Spaltbarkeit: vollkommen in zwei Richtungen parallel zu den Pinakoiden. Härte: 6 - 6,5. Spezifisches Gewicht: 2,6 - 2,76.
**Entstehung und Vorkommen:** Das Mineral bildet sich durch magmatische Prozesse. Die Plagioklase sind Bestandteil zahlreicher Eruptivgesteine, wobei die Natrium-Plagioklase insbesondere bei saurem, die Calcium-Plagioklase in basischem Gestein vorkommen. Daneben finden sie sich in metamorphem Gestein und in geringerem Umfang auch in Sedimenten.
Das Mineral wird auf der ganzen Welt abgebaut; am wirtschaftlich bedeutendsten sind die Labradorit-Vorkommen auf der Halbinsel Labrador (Kanada) sowie die Albit-Vorkommen in den Schweizer Alpen und Minas Gerais (Brasilien).
**Verwendung:** Plagioklas wird zur Herstellung von Keramik verwendet. Der schillernde Labradorit wird geschliffen und zu Bodenbelägen, Wandverkleidungen und Schmucksteinen verarbeitet.

**Abb. 168.** Orthoklas (x4); Zarzalejo, Madrid (Spanien).

**Abb. 169.** Mikroklin (Variatät Amazonit) (x2); Pikes Peak, Colorado (USA).

**Abb. 170.** Sanidin (x2,5); Santa Pau, Gerona (Spanien).

**Abb. 171.** Adular (x2); Schweiz (Österreich).

**Abb. 172.** Albit (x1); (Schweiz).

**Abb. 173.** Labradorit (x2); Halbinsel Labrador (Kanada).

# Silikate: Tektosilikate III

## FELDSPATÄHNLICHE MINERALIEN

Diese Mineralien ähneln dem Feldspat, weisen aber einen Mangel an Kieselsäure ($SiO_2$) auf. Daher kommen sie grundsätzlich nicht in quarzhaltigem Gestein vor.

## LEUCIT

**Etymologie:** griech. *leukos* = weiß.
**Chemische Formel:** $K(AlSi_2O_6)$
**Kristallsystem:** tetragonal. Bei Temperaturen oberhalb 500° C kubisch; bei Abkühlung erfolgt eine Umstrukturierung unter Beibehaltung der äußeren Gestalt (pseudokubisch).
**Aussehen:** gewöhnlich kleine, gut entwickelte Kristalle (1 - 3 cm); auch in Form von Körnern in vulkanische Gesteine eingelagert.
**Eigenschaften:** Farbe: weiß. Strich: weiß. Glanz: glasartig. Bruch: muschelig. Spaltbarkeit: keine. Härte: 5,5 - 6. Spezifisches Gewicht: 2,5.
**Entstehung und Vorkommen:** Leucit kommt ausschließlich in vulkanischem Gestein und basischen (kieselsäurearmen) Laven vor. Die schönsten Kristalle wurden in Tuffen des Vesuv gefunden.
**Verwendung:** Keine.

## NEPHELIN

**Etymologie:** griech. *nephele* = Wolke; da sich die Kieselsäure bei der Reaktion mit Säuren wolkenartig niederschlägt.
**Chemische Formel:** allgemein $Na(AlSiO_4)$, wahrscheinlich aber $NaK[AlSiO_4]_4$. Der Kaliumanteil ist gering.
**Kristallsystem:** hexagonal.
**Aussehen:** dichte Massen, gelegentlich in Form von Körnern. Tafelige Kristalle selten.
**Eigenschaften:** Farbe: weiß, grünlich. Strich: weiß. Glanz: glasartig bis fettig. Bruch: muschelig. Spaltbarkeit: keine. Härte: 5,5 - 6. Spezifisches Gewicht: 2,5 - 2,6.
**Entstehung und Vorkommen:** Nephelin bildet sich durch magmatische Prozesse und kommt in kieselsäurearmen Gesteinen wie Syeniten, Phonolithen, Basalten und basischen Laven vor. Nephelin-Massive befinden sich auf der Halbinsel Kola (Rußland) und in Ontario (Kanada); kleine Kristalle wurden in den Laven des Vesuv gefunden.

## LASURIT (LAPISLAZULI)

**Etymologie:** In Anlehnung an das Mineral Azurit, das ähnlich aussieht; lazur von arab. *lazaward* = blaue Farbe; lat. *lapis* = Stein.
**Chemische Formel:** $(Na,Ca)_4[(SO_4,S,Cl)_2(AlSiO_4)]_6$. Es besteht eine isomorphe Mischreihe; bei hohem Chlorgehalt und geringem Anteil an $S_2$- und $SO_4$2-spricht man von Sodalith.
**Kristallsystem:** kubisch.
**Aussehen:** massig, vergesellschaftet mit Pyrit und Calcit (= Lapislazuli). Die seltenen Kristalle weisen einen dodekaedrischen Habitus auf.
**Eigenschaften:** Farbe: blau. Strich: blau. Glanz: fettig. Bruch: muschelig. Spaltbarkeit: deutlich. Härte: 5,5. Spezifisches Gewicht: 2,4 - 2,9.
**Entstehung und Vorkommen:** Lasurit ist relativ selten. Es tritt in karbonathaltigem kontaktmetamorphem Gestein auf. Die bedeutendsten Lagerstätten befinden sich in Nordchile, in Afghanistan und am Baikalsee (Rußland).
**Verwendung:** Lasurit wird als Schmuckstein verwendet. Das reine Material lieferte früher die sehr wertvolle blaue Farbe (natürliches Ultramarin).

## ZEOLITHE

Die Mineralien dieser Gruppe ähneln in ihrem Aufbau und ihrer chemischen Zusammensetzung den Feldspaten (Alumosilikate von Calcium und Natrium), sind aber wasserhaltig. Bei Erwärmung geben sie das Wasser aber im Gegensatz zu anderen Mineralien ohne Strukturänderung ab. Die von den Wassermolekülen hinterlassenen Löcher können von beliebigen Molekülen oder Ionen besetzt werden. Das ein- und austretende Wasser tauscht seine gelösten Ionen mit denen des Minerals aus. Aufgrund dieser Eigenschaft werden Zeolithe synthetisch hergestellt und zur Trinkwasseraufbereitung verwendet, da sie die im Wasser gelösten Calciumionen durch die im Gitter befindlichen Natriumionen ersetzen.

## NATROLITH

**Etymologie:** *Natro* - Hinweis auf Natrium; griech. *lithos* = Stein.
**Chemische Formel:** $Na_2[Al_2Si_3O_{10}] \cdot 2H_2O$.
**Kristallsystem:** rhombisch.
**Aussehen:** faserige oder körnige Massen. Nadelige Kristalle mit prismatischem Habitus.
**Eigenschaften:** Farbe: weiß. Strich: weiß. Glanz: glasartig, seidig. Bruch: muschelig. Spaltbarkeit: vollkommen nach dem Prisma. Härte: 5 - 5,5. Spezifisches Gewicht: 2,2.
**Entstehung und Vorkommen:** Natrolith kommt sekundär in Hohlräumen oder Basaltspalten vor. Schöne Kristalle wurden in Poona (Indien) gefunden.
**Verwendung:** Natrolith hat keine wirtschaftliche Bedeutung.

## HEULANDIT

**Etymologie:** zu Ehren des britischen Mineralogen J.H. Heuland.
**Chemische Formel:** $Ca[Al_2Si7O_{18}] \cdot 6H_2OH_2O$. Calcium kann durch Natrium und Kalium ersetzt werden.
**Kristallsystem:** monoklin.
**Aussehen:** kristalline Aggregate. Kristalle mit prismatischem Habitus, meist aber tafelig.
**Eigenschaften:** Farbe: weiß. Strich: weiß. Glanz: glas- oder perlmuttartig. Bruch: uneben. Spaltbarkeit: vollkommen nach den Pinakoidflächen. Härte: 3,5 - 4. Spezifisches Gewicht: 2,2.
**Entstehung und Vorkommen:** Das Sekundärmineral bildet sich durch Verwitterung basischer Vulkangesteine. Es findet sich vergesellschaftet mit anderen Zeolithen in Poona (Indien).
**Verwendung:** Heulandit hat keine wirtschaftliche Bedeutung.

**Abb. 174.** Leucit (x2); Vesuv, Neapel (Italien).

**Abb. 175.** Nephelin (x5); Piemont (Italien).

**Abb. 176.** Lapislazuli (x2); Sar-e-Sang (Afghanistan).

**Abb. 177.** Natrolith (x2); Poona (Indien).

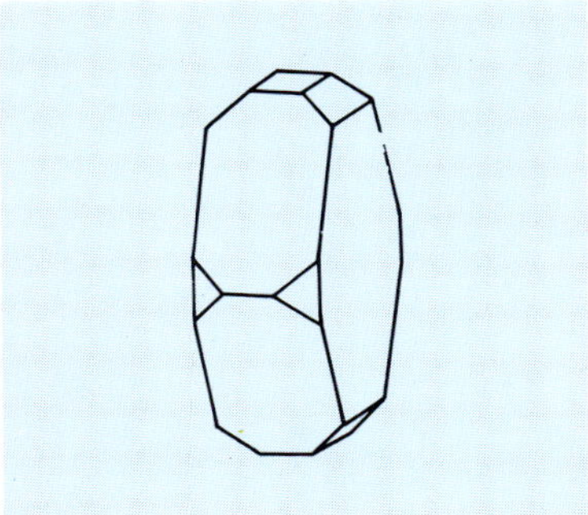

**Abb. 178.** Heulandit (x3); Poona (Indien).

# Verzeichnis der Mineralien

# Verzeichnis der Mineralien

# Inhalt